21世纪高校金融学核心课程系列教材

金融学（第4版）学习指导

莫　媛◎主　编

丁　慧◎副主编

人民出版社

前　言

　　教材修订是适应知识持续变革的过程，也是推动高质量育人的重要手段。卞志村教授主编的《金融学》教材，经过 5 次精心打磨和 20 余年检验，从 2004 年的《货币银行学》到 2024 年的《金融学》（第 4 版），长期以来都是备受关注的金融学教材之一，被全国高等院校广泛采用。

　　作为《金融学》（第 4 版）的教辅书，《〈金融学〉（第 4 版）学习指导》是在《〈金融学〉（第 3 版）学习指导》基础上精心修订而成。该学习指导致力于优化《金融学》课程学习过程，可为学生提供更为优质的学习体验和专业训练，进而为培养高素质金融专业人才奠定坚实基础。

　　《〈金融学〉（第 4 版）学习指导》在结构上延续了前版风格。首先，对《金融学》每章节内容进行了详细梳理和总结，有利于帮助学生全面掌握《金融学》课程核心内容。其次，按照掌握、理解、了解三个层次提出每章学习要求，有利于帮助学生明确学习重点和难点。最后，编写了大量有针对性的习题，有利于帮助学生理解和巩固所学知识。习题题型包括填空题、单项选择题、多项选择题、判断题、名词解释、计算题、问答题、论述题和材料分析题等。习题内容结合学习要求，层次分明，既强调对基础理论知识的考查，也注重对知识运用能力的检验。各章习题之后均配有详尽的参考答案，方便学生检查和分析答题情况。

　　《〈金融学〉（第 4 版）学习指导》主要在三个方面进行了修订：一是推陈出新，勘正和修订前版存在的问题，确保学生在学习过程中能够更准确地理解和应用金融学知识；二是与时俱进，全面调整内容摘要和学习目标，以适应新版教材的变化；三是博采众长，对习题内容进行增删和优化，进一步提高习题质量。

在本书修订过程中，我们得到了人民出版社有关领导和编辑的大力支持，在此表示衷心感谢。我们诚挚希望同行专家与读者对本书的不足给予指正，以便我们在下次修订时加以改进。

莫　媛

二〇二四年一月

目　　录

第一章 货币与货币制度

一、内容摘要

本章以马克思主义基本原理为指导，从货币与商品经济的关系入手，揭示货币的起源和发展过程，通过讨论货币的职能、货币的定义以及货币制度的演变历史，把握货币这个经济领域最基本也是最重要的经济事物的历史与逻辑的联系，从而对货币有一个较为全面的认识。

（一）货币的起源与发展

1. 货币的起源

关于货币的起源，历史上有各种不同的观点。有人认为货币是由国家规定和创造的；有人认为货币是人们为了克服直接物物交换的困难协商出来的。只有在马克思创立了劳动价值论之后，才科学地揭示出货币的起源。货币是商品经济内在矛盾发展的产物，是商品价值形式演变的必然结果。

2. 货币形态的演变与发展

货币的形态也称为货币形式，是指以什么货币材料（即币材）来充当货币。不同的货币形态适应了不同的社会生产阶段和历史阶段的需要。纵观货币的发展历史，货币形态的发展演变大体上经历了实物货币、金属货币、代用货币、信用货币、数字货币等五个阶段，这个过程也是货币价值不断符号化的过程。

（二）货币的职能

货币的职能指货币作为一般等价物所发挥的作用与功能，是货币本质的具体体现。现代西方经济学的货币理论认为，货币具有交易媒介、价值标准、价值贮藏、延期支付等职能。而马克思的货币理论认为，货币在与商品的交换发展过程中，逐渐形成了价值尺度、流通手段、贮藏手段、支付手段和世界货币等五种职能，其中价值尺度和流通手段是货币的最基本职能。

（三）货币的本质

经济学者对于货币的起源和职能都有着不同的看法，这导致他们在"货币的本质是什么"这一问题上存在着分歧。货币金属论者认为货币即是金银，货币名目论者则认为货币只不过是一种计量工具或符号，马克思认为货币就是固定地充当一般等价物的特殊商品，约翰·穆勒等将交换媒介和货币等同，而拉德克利夫则认为货币实际上就是指流动性。

（四）货币制度及其演变

货币制度简称"币制"，是一个国家或地区以法律形式确定的货币流通的结构、体系与组织形式。它主要包括货币材料、货币单位、货币的铸造、发行与流通程序，以及准备制度等内容。货币制度的发展大体上经历了银本位制、金银复本位制、金本位制和不兑现的信用货币制度等四大类型。

二、学习目标

◆ 掌握货币职能、各种货币形态的特征、货币制度的基本内容及现行货币制度的内容与特点。

◆ 理解货币的本质、货币制度演变的原因及其特点。

◆ 了解货币产生和发展的历史及其演变趋势。

三、习　题

（一）填空题

1. 货币形态的历史演进，经历了_____、_____、_____和_____等发展阶段，直到当前最现代化的数字货币。

2. 货币的五大职能是_____、_____、_____、_____和_____。

3. 一定时期内流通中所需要的货币量与_____成反比，与_____成正比。

4. 现代不兑换信用货币主要是通过_____程序发行。

5. 金银复本位制下出现的"劣币驱逐良币规律"，也叫_____。

6. _____是国家权力进入货币流通领域的第一现象。

7. 当货币作为价值的独立形态进行单方面转移时，执行_____职能。

8. 纸币是国家依靠国家权力发行、强制进入流通的货币符号，它是在货币执行_____职能的基础上产生的。

9. 法律规定_____是中国的法定货币。

10. 格雷欣法则中，市场上流通的是市场比价_____法定比价的货币。

11. 在金属货币制度下，本位币的名义价值与实际价值_____。

12. 我国流通中的货币是由_____发行的人民币，人民币是纸制的信用货币，是货币的符号或代表。

13. 为保持本位币地位，国家规定其具有无限的支付能力，称为_____。

14. _____是由足值货币向现代信用货币发展的一种中介性、过渡性的货币形态。

15. 金银复本位制条件下，按国家是否规定金、银币之间的交换比价，货币制度划分为_____、_____和_____三种。

16. 货币制度最基本的要素是_____。

（二）单项选择题

1. 一种商品的价值偶然地用另一种商品来表现的价值形式，称为_____。

  A. 简单的价值形式   B. 扩大的价值形式

  C. 一般等价形式   D. 货币价值形式

2. 商品价值形式最终演变的结果是_____。

  A. 简单价值形式   B. 扩大价值形式

  C. 一般价值形式   D. 货币价值形式

3. 货币的本质特征是充当_____。

  A. 特殊等价物 B. 一般等价物 C. 普通商品 D. 特殊商品

4. 货币形态的总的演进趋势是_____。

  A. 实物货币—信用货币—金属货币—数字货币

  B. 信用货币—数字货币—金属货币—实物货币

  C. 金属货币—数字货币—信用货币—实物货币

  D. 实物货币—金属货币—信用货币—数字货币

5. 从历史发展过程看，世界各国的货币制度的演变过程大体是_____。

  A. 银本位制—金本位制—金银复本位制—不兑现的信用货币制度

  B. 金本位制—银本位制—金银复本位制—不兑现的信用货币制度

  C. 金银复本位制—金本位制—银本位制—不兑现的信用货币制度

  D. 银本位制—金银复本位制—金本位制—不兑现的信用货币制度

6. 下列关于数字货币的描述正确的是_____。

  A. 数字货币的价值是由中央银行发行和背书支持的

B. 区块链技术是许多数字货币所使用的支持技术之一

C. 数字货币交易是完全匿名和无法追踪的

D. 数字货币的价值波动主要受政府政策影响

7. 货币的两大基本职能是_____。

　　A. 价值尺度和贮藏手段　　　　B. 流通手段和世界货币

　　C. 支付手段和世界货币　　　　D. 价值尺度和流通手段

8. 信用货币的产生源于货币的何种职能_____。

　　A. 价值尺度　　B. 流通手段　　C. 储蓄手段　　D. 支付手段

9. 货币在发挥_____职能时，只是观念上的货币。

　　A. 价值尺度　　B. 流通手段　　C. 储蓄手段　　D. 支付手段

10. 货币在发挥流通手段职能时，必须是_____。

　　A. 观念的货币　B. 现实的货币　C. 足值的货币　D. 货币符号

11. 下述行为中，反映货币流通手段职能的是_____。

　　A. 分期付款购房　　　　　　B. 饭馆就餐付账

　　C. 交纳房租水电费　　　　　D. 企业发放职工工资

12. 下述行为中，反映货币支付手段职能的是_____。

　　A. 企业纳税　　B. 超市购物　　C. 买票逛公园　D. 医院挂号看病

13. 货币在执行_____时，已经包含了发生经济危机的可能性。

　　A. 流通手段　　B. 价值尺度　　C. 支付手段　　D. 贮藏手段

14. 商场为某件衣服贴上100元的价格标签，此时货币执行的职能是_____。

　　A. 价值尺度　　B. 流通手段　　C. 货币贮藏　　D. 世界货币

15. 具有无限法偿能力的货币是_____。

　　A. 金属货币　　B. 货币符号　　C. 本位币　　　D. 辅币

16. 本位币是_____。

　　A. 被规定为标准的、基本通货的货币

　　B. 以黄金为基础的货币

　　C. 本国货币当局发行的货币

　　D. 可以与黄金兑换的货币

17. 辅币的名义价值比其实际价值_____。

    A. 高   B. 低   C. 相等   D. 不确定

18. 双本位制是_____。

    A. 金银币比价由政府和市场共同决定的金银复本位制

    B. 金银币的比价由市场决定的金银复本位制

    C. 金银币的比价由政府规定的金银复本位制

    D. 金银币比价由银行规定的金银复本位制

19. 典型的金本位制是_____。

    A. 金银复本位制   B. 金币本位制

    C. 金块本位制   D. 金汇兑本位制

20. 在货币制度的演变中,金块本位制又称_____。

    A. 生金本位制   B. 金汇兑本位制

    C. 金币本位制   D. 真金本位制

21. 金汇兑本位制又称_____。

    A. 富人本位制   B. 虚金本位制

    C. 真金本位制   D. 生金本位制

22. 俗称的"虚金本位制"是指_____。

    A. 金块本位制   B. 金汇兑本位制

    C. 金银复本位制   D. 金币本位制

23. "金币可自由铸造,可自由输出入,银行券可自由兑换金币",这是_____。

    A. 金块本位制   B. 金币本位制

    C. 金汇兑本位制   D. 美元—黄金本位制

24. "格雷欣法则"这一现象一般发生在_____。

    A. 银本位制   B. 金本位制   C. 双本位制   D. 平行本位制

25. 如果金银的法定比价是 1:15,而市场比价为 1:17,这时充斥市场的将是_____。

    A. 金币   B. 银币   C. 金币银币   D. 都不是

26. 金属货币制度下的蓄水池功能源于_____。

    A. 金属货币的稀缺性   B. 金属货币的价值稳定

C. 金属货币的自由铸造和熔化　　D. 金属货币的易于保存

27. 西方学者划分货币层次的主要依据是金融资产的_____。

　　A. 安全性　　　　B. 流动性　　　　C. 收益性　　　　D. 可兑换性

（三）多项选择题

1. 货币的职能有_____。

　　A. 价值尺度职能　　　B. 流通手段职能　　　C. 贮藏手段职能

　　D. 支付手段职能　　　E. 世界货币职能

2. 货币制度的构成要素包括_____。

　　A. 货币材料　　　　B. 货币单位　　　　C. 货币职能

　　D. 货币铸造、发行与流通

　　E. 发行准备制度

3. 金本位制具体包括_____。

　　A. 金币本位制　　　B. 金块本位制　　　C. 金条本位制

　　D. 金锭本位制　　　E. 金汇兑本位制

4. 下列选项中属于信用货币的有_____。

　　A. 不兑现银行券　　B. 辅币　　　　　C. 支票存款

　　D. 金铸币　　　　　E. 银铸币

5. 现行发行港币的金融机构有_____。

　　A. 汇丰银行　　　　B. 大西洋银行　　　C. 渣打银行

　　D. 中国人民银行　　E. 中国银行

6. 现行发行澳门货币的金融机构有_____。

　　A. 汇丰银行　　　　B. 大西洋银行　　　C. 渣打银行

　　D. 中国人民银行　　E. 中国银行

7. 下列选项中反映货币支付手段职能的有_____。

　　A. 交纳税款　　　　B. 发放工资　　　　C. 购买商品

　　D. 捐赠善款　　　　E. 偿还欠款

8. 下述选项中反映货币价值尺度职能的有_____。

　　A. 商品标价　　　　B. 企业亏损额　　　C. 公务员工资标准

　　D. 国内生产总值增长率　　　　　　E. 国家税收总额

9. 下述选项中反映货币流通手段职能的有_____。

    A. 超市购物   B. 饭馆就餐付账   C. 企业缴纳税款

    D. 买票逛公园   E. 买卖股票

10. 下列选项中可以自由铸造银币的货币制度有_____。

    A. 银币本位制   B. 跛行本位制   C. 双本位制

    D. 金汇兑本位制   E. 平行本位制

11. 一般而言，作为货币的商品应具有的特征有_____。

    A. 价值比较高   B. 金属的一种   C. 易于分割

    D. 易于保存   E. 便于携带

12. 信用货币发挥货币职能必须具备的条件有_____。

    A. 国家法令强制流通

    B. 中央银行合理控制其供给量

    C. 为社会所广泛接受

    D. 无人反对

    E. 单位货币所代表的价值稳定

13. 下列关于本位货币的阐述正确的有_____。

    A. 是一国的基本通货

    B. 是一国的唯一通货

    C. 可以自由铸造

    D. 具有无限法偿能力

    E. 是足值的货币

14. 下列关于人民币的说法正确的有_____。

    A. 人民币是一种信用货币

    B. 人民币是货币的符号或代表

    C. 人民币的本位币是元

    D. 人民币是中国大陆唯一合法流通的货币

    E. 人民币由中国人民银行发行的

15. 下列关于数字人民币的描述正确的有_____。

    A. 数字人民币是由中国央行发行和监管的数字货币

    B. 数字人民币是一种去中心化的加密货币，不受政府监管

C. 数字人民币的目标是提高支付系统的效率和降低交易成本

D. 数字人民币交易是完全匿名的，用户身份不会被披露

E. 数字人民币的价值与人民币等值，是一种直接替代纸币的货币形式

（四）判断题

1. 货币在执行流通手段时，必须是现实的而且是足值的货币。（   ）

2. 当货币作为价值的独立形态进行单方面转移时，执行流通手段职能。（   ）

3. 货币在执行价值尺度时，只需观念上或想象中的货币就可以了。（   ）

4. 用哪种材料作为制作本位币的材料不是任意选定的，而是由货币当局的主观意志决定的。（   ）

5. 双本位制并没有解决平行本位制所造成的价格混乱问题。（   ）

6. 金币本位制是最早也是最典型的金本位制。（   ）

7. 金块本位制下，金币可以自由铸造、自由熔化。（   ）

8. 布雷顿森林体系实际上是一种金汇兑本位制度。（   ）

9. 在格雷欣法则中，实际价值高于法定比价的货币是劣币。（   ）

10. 银行券产生于货币的支付手段职能，是代替金属货币充当支付手段和流通手段职能的银行证券，是银行发行的一种债务凭证。（   ）

11. 在当代经济社会中，银行券和纸币已基本成为同一个概念。（   ）

12. 纸币可以流通，是国家法律赋予的能力。（   ）

13. 各国的法定货币都可以在中国境内使用。（   ）

14. 人民币制度是不兑现的信用货币制度。（   ）

15. 辅币必须是足值的货币。（   ）

16. 中央银行法定数字货币的发行有助于加强监管、防范洗钱活动，以及维护国家安全。（   ）

（五）名词解释

1. 信用货币

2. 无限法偿

3. 平行本位制

4. 双本位制

5. 跛行本位制

6. 格雷欣法则

7. 货币制度

8. 金块本位制

9. 金汇兑本位制

（六）问答题

1. 简述货币制度的构成要素。

2. 金属货币制度下，本位币的自由铸造有何意义？

3. 与金属货币制度相比，不兑现信用货币制度主要特点是什么？

4. 简述我国货币制度的基本内容。

（七）论述题

1. 如何理解"金银天然不是货币，但货币天然是金银"？

2. 为什么说金银复本位制是一种不稳定的货币制度？

3. 为什么说金币本位制是一种相对稳定的货币制度？

4. 论述货币形态的演变过程。

（八）材料分析题

第二次世界大战期间，在纳粹的战俘营中流通着一种特殊的商品货币：香烟。当时的红十字会设法向战俘营提供了各种人道主义物品，如食物、衣服、香烟等。由于数量有限，这些物品只能根据某种平均主义的原则在战俘之间进行分配，而无法估计到每个战俘的特定偏好。但是人与人之间的偏好显然是会有所不同的，有人喜欢巧克力，有人喜欢奶酪，还有人则可能更想得到一包香烟。因此这种分配显然是缺乏效率的，战俘们有进行交换的需要。但是即便在战俘营这样一个狭小的范围内，物物交换非常不方便，因为它要求交易双方恰巧都想要对方的东西，也就是所谓的需求的双重耦合。为了使交换能够更加顺利地进行，需要有一种充当交易媒介的商品，即货币。那么，在战俘营中，究竟哪一种物品适合做交易媒介呢？许多战俘不约而同地选择香烟来扮演这一角色，如一根香肠值 10 根香烟，一件衬衣值 80 根香烟，替别人洗一件衣服则可换得两根香烟。有了这样一种记账单位和交易媒介之后，战俘之间的交换就方便多了。

（资料来源：《战俘营中的货币》（ *The economic organisation in a P. O.W camp* ））

根据材料请回答作为货币的理想材料应具备哪些特性？

四、参考答案

（一）填空题

1. 实物货币、金属货币、代用货币、信用货币

2. 价值尺度、流通手段、支付手段、贮藏手段、世界货币

3. 货币流通速度、商品价格总额

4. 信用

5. 格雷欣法则

6. 铸币

7. 支付手段

8. 流通手段

9. 人民币

10. 低于

11. 相一致

12. 中国人民银行

13. 无限法偿

14. 代用货币

15. 平行本位制、双本位制、跛行本位制

16. 货币材料

（二）单项选择题

1-5 A D B D D 6-10 B D B A B

11-15 B A A A C 16-20 A A C B A

21-25 B B B C B 26-27 C B

（三）多项选择题

1. ABCDE 2. ABDE 3. ABE 4. ABC 5. ACE

6. BE 7. ABDE 8. ABCE 9. ABDE 10. ACE

11. ACDE 12. ABCE 13. AD 14. ABCDE 15. AC

（四）判断题

1. × 2. × 3. √ 4. × 5. × 6. √ 7. × 8. √ 9. × 10. √

11. √ 12. √ 13. × 14. √ 15. × 16. √

（五）名词解释

1. 信用货币：是以信用作为保证、通过一定信用程序发行、充当流通手段和支付手段的货币形态，是货币发展中的现代形态。

2. 无限法偿：是指无限的法定支付能力，不管是用本位币偿还债务或其他支付，也不管每次支付的本位币的数额大小，债权人和受款人都不得拒绝接受，否则视为违法。

3. 平行本位制：指金币和银币按照他们所包含的实际价值流通和相互兑换的一种复本位制，即金币和银币是按市场比价进行交换。

4. 双本位制：指国家依据市场金银的比价，为金币和银币规定固定的兑换比率。

5. 跛行本位制：指两种金属货币同为本位币，并有固定的兑换比

率，但国家同时规定金币可以自由铸造，而银币不能自由铸造。

6. 格雷欣法则：即"劣币驱逐良币"规律，当两种铸币在同一市场上流通时，实际价值高于法定价值的"良币"会被逐出流通，即被熔化或输出国外，导致实际价值低于法定价值的"劣币"充斥市场的现象。

7. 货币制度：又称"币制"或"货币本位制"，是指一个国家或地区以法律形式确定的货币流通结构及其组织形式。

8. 金块本位制：又称"生金本位制"或"富人本位制"，是指在国内不铸造、不流通金币，只流通代表一定金量的银行券（或纸币），黄金集中存储于政府，银行券只能按一定条件向发行银行兑换金块的一种货币制度。

9. 金汇兑本位制：又称"虚金本位制"，是指国内不铸造和使用金币，只能同另一实行金币或金块本位制的国家的货币保持固定比价，本国货币（即银行券）只能兑换成外汇而不能兑换成黄金的制度。

（六）问答题

1. 答案要点：货币制度又称"币制"或"货币本位制"，是指一个国家或地区以法律形式确定的货币流通结构及其组织形式。其构成要素有：（1）货币材料的规定。（2）货币名称、货币单位和价格标准。（3）各种通货的铸造、发行和流通程序的规定。（4）准备金制度。

2. 答案要点：金属货币制度下，本位币的自由铸造具有十分重要的意义。首先，自由铸造可以使铸币的名义价值和实际价值保持一致。其次，本位币的自由铸造可以自发地调节货币流通量，使流通中的货币量与货币需求量基本保持一致。

3. 答案要点：与金属货币制度相比不兑现信用货币制度的主要特点如下：（1）纸币的发行不再受黄金准备的限制，并由国家垄断发行，国家赋予纸币无限法偿能力。（2）作为信用货币的纸币是通过信用程序投入到流通领域中的，纸币的发行反映了国家对社会公众的负债。（3）纸币流通制度实际上是一种管理货币制度。（4）在这种货币制度中，银行存款与法偿货币都是流通中的货币，同样发挥相同的货币职能。

4. 答案要点：我国货币制度的基本内容：（1）人民币是中国大陆的唯一法定货币。（2）人民币制度是一种不兑现的信用货币制度。（3）人民币的发行实行高度集中统一管理。（4）人民币发行有发行保证，如商品物资、信用保证、黄金和外汇储备。（5）人民币实行有管理的货币制度。（6）人民币的可兑换性。

（七）论述题

1. 答案要点：作为货币的商品，具有的特征有：（1）价值比较高；（2）易于分割；（3）易于保存；（4）便于携带；而金银的自然属性是（1）同质性；（2）可分性；（3）便利性；（4）永恒性；正是这些特点使得金银更适合用于充当一般等价物，更能促进商品交换范围的扩大和商品流通的发展，于是贵金属的自然属性使其逐步排挤了实物货币而独占货币地位。正如马克思所说："金银天然不是货币，但货币天然是金银。"

2. 答案要点：金银复本位制从具体运行过程来看可分为三种类型：平行本位制、双本位制和跛行本位制。（1）在平行本位制下，金币与银币之间的交换比率完全由金银的市场价格决定。由于市场上金银比价频繁变动，金币银币的兑换比率也不断变动，用金币银币表示的商品价格自然也就随着金银比价的波动而波动，市场上的商品就出现了两种价格，这在一定程度上引起了价格的混乱，使得金币银币都难以发挥好价值尺度职能。（2）在双本位制下，当金银法定比价与市场比价不一致时，市场价值高于法定价值的良币就会被熔化或输出国外而退出流通；市场价值低于法定价值的劣币则会充斥市场，发生"劣币驱逐良币"现象。（3）跛行本位制事实上也已不是典型的复本位制，而是由复本位制向金本位制过渡时期的一种特殊的货币制度。

3. 答案要点：在金币本位制下：（1）金币可以自由铸造和自由熔化。金币的自由铸造和自由熔化能够自发调节流通中的货币量，使金币的币值与所含黄金的价值保持一致，从而保证金币的面值和实值相符，保证了币值的稳定。（2）辅币和银行券等价值符号可以自由兑换为金币，从而保证货币价值的稳定，避免出现通货膨胀现象。（3）黄金可以自由地输出入国境。货币的国内价值与国际价值保持一致，从而保证了世界市场的统一和外汇汇率的相对稳定。所以说金币本位制是一种相对稳定的货币制度。

4. 答案要点：历史上许多东西都充当过货币。不同的经济交易或不同的历史时期使用过不同的支付手段。根据充当货币材料的不同，货币形态的演化顺序为：实物货币、金属货币、代用货币、信用货币及数字货币。

（1）实物货币，是指以自然界存在的某种物品或人们生产出来的某种物品充当的货币。最初的实物货币形式五花八门，各地、各国和各个时期各不相同。例如，在中国历史上，充当过实物货币的物品种类就有：龟壳、海贝、布匹、农具、耕牛等。实物货币的缺点在于：不易分割和保存、不便携带，而且价值不稳定，很难满足商品交换的需要。所以，它不是理想的货币形式，随后被金属货币所取代。

（2）金属货币，是指以金属为币材的货币，包括贱金属和贵金属。随着商品交换的扩大，金属货币逐渐以贵金属为主，如黄金和白银。贵金属的自然属性具有质地均匀、便于分制、便于携带、不易损坏、体积小和价值大等特征，能满足人们对货币材料的客观要求，适合充当货币。

（3）代用货币。代用货币是指由政府或银行发行的、代替金属货币执行货币职能的纸制货币，它是作为实物货币特别是金属货币的替代物而出现的。代用货币的发行节省了铸造费用。与金属货币相比，代用货币更易携带和运输，避免了金属货币流通所产生的日常磨损及"劣币驱逐良币"等问题。但是，由于代用货币易被伪造和损坏，且以黄金作为保证和准备，满足不了日益扩大的商品生产和商品交换发展的需要，最终纸币和黄金脱钩。

（4）信用货币。货币的交换媒介性质为信用货币的产生提供了可能，资源的稀缺性决定了信用货币产生的必然性。信用货币是以信用作为保证，通过一定信用程度发行，充当流通手段和支付手段的货币形态，是货币发展过程中的现代形态。信用货币本身价值低于其货币价值，而且不再代表任何贵金属，实际上信用货币已经成为一种货币价值符号。信用货币包括辅币、纸币和存款货币三种形式。

（5）数字货币。随着区块链、大数据和云计算等金融科技的发展，数字货币热潮兴起。狭义的数字货币主要指纯数字化、不需要物理载体的货币；而广义的数字货币等同于电子货币，泛指一切以电子形式存在的货币。根据发行者不同，数字货币可以分为央行发行的数字货币和私人发行的数字货币。数字货币与纸币一样，本质上都属于纯信用货币，但数字货币可以进一步降低运行成本，并能在更广泛的领域内以更高效率加以应用。数字货币也存在着与历史上私人货币一样的根本性缺陷：价值不稳，公信力不强，可接受范围有限，容易产生较大负外部性。

（八）材料分析题

1. 答案要点：（1）容易标准化；（2）做货币的材料必须是可分的；（3）做货币的材料应携带方便；（4）做货币的材料必须稳定，不易变质。

第二章　信　　用

一、内容摘要

本章主要讨论信用的基本涵义、信用的产生和发展、构成信用的基本要素、信用的特征、信用的职能、信用的形式以及信用工具等问题。

（一）信用概述

1. 信用的内涵

"信用"一词在中国有两种解释：一是社会学解释；二是经济学解释。在社会学中，"信用"被用来作为评价人的一个道德标准。在经济学中，"信用"一词特指以偿还为条件的价值运动的特殊形式。

2. 信用的产生和发展

信用是商品经济发展到一定阶段的产物。信用产生后经历了一个漫长的发展变化过程，其演化沿着三个方向展开：在借贷的物质对象上，信用由实物借贷为主向货币借贷为主演化；在信用形式上，信用形式由商业信用为主向银行信用为主演化；在社会性质上，信用形态由高利贷为主向借贷资本为主演化。

3. 信用的职能

信用的职能主要是集中和积聚社会资金、分配和再分配社会资金、节约流通费用、促进利润率的平均化、调节经济运行、提供和创造信用流通工具等。

（二）信用的形式

信用产生后，在不同的时代，产生了不同的形式。奴隶社会和封建社会的信用形态主要是高利贷，而资本主义生产方式确立后，作为商品社会化大生产的产物，借贷资本逐渐成为现代社会的主要的信用形态，信用形式包括商业信用、银行信用、国家信用、消费信用、民间信用、国际信用等。

1. 高利贷

高利贷是指以偿还并支付高额利息为条件、借贷对象既可以是实物又可以是货币资金的信用活动。高利贷资本是古老的原始形态的生息资本。

2. 商业信用

商业信用是指企业之间以赊销商品或预付货款等形式提供的信用。商业信用是现代经济中最基本的信用形式之一。其具体形式有赊购和赊销、预付货款、分期付款和补偿贸易等。

3. 银行信用

广义的银行信用是指金融机构（包括银行和非银行金融机构）以货币形态向社会和个人所提供的信用。狭义的银行信用仅指银行提供的信用，它的基本形式是吸收存款和发放贷款。

银行信用虽然在信用规模、信用方向和信用范围等方面都优于商业信用，更适应社会化大生产的需要，但银行信用不能取代商业信用。在现代信用体系中，商业信用是信用制度的基础，银行信用是信用制度的主要形式。

4. 国家信用

国家信用也有广义和狭义之分。其中，广义的国家信用泛指以国家为主体的所有借贷行为，它包括国家筹资信用和国家投资信用，前者的主要形式有发行政府债券（如国库券、公债）、向银行借款或透支等，后者主要有财政基本建设投资、财政周转金、援外贷款等形式。狭义的国家信用则仅指国家筹资信用，即国家以债务人的身份向社会筹集资金。

5. 消费信用

消费信用是工商企业、银行或其他金融机构利用赊销和分期付款等方式推销耐用消费品或房屋等对消费者提供的信用。

6. 民间信用

民间信用是一种古老的信用形式，又称民间借贷，是相对于正规金融而言的，泛指在国家依法批准设立的金融机构以外的自然人、法人及其他组织等经济主体之间的资金借贷活动。

7. 国际信用

国际信用，是指国与国之间的企业、经济组织、金融机构及国际经济组织相互提供与国际贸易密切联系的信用形式。当今世界的国际贸易与国际经济交流日益频繁，国际信用已成为进行国际结算、扩大进出口贸易的主要手段之一。

（三）信用工具

信用工具是指以书面形式发行和流通、借以保证债权人或投资人的权利，是资金供应者和需求者进行资金融通时用来证明债权债务关系的各种合法凭证。

1. 信用工具的构成要素及特征

信用工具包括面值、到期日、期限、利率以及利息的支付方式等要素。信用工具的特征是收益性、流动性、风险性和偿还性。

2. 信用工具的分类

按不同的分类标准，信用工具可以划分为不同的种类。

3. 短期信用工具

短期信用工具是指提供信用的有效期限在一年或一年之内的信用凭证。它主要有以下几种类型：商业票据、银行票据、信用证、信用卡、国库券等。

4. 长期信用工具

长期信用工具是指提供信用的有效期限在一年以上的信用工具。长期信用工具主要包括股票和债券，以及性质介于股票和债券之间的收益凭证——基金券。

二、学习目标

◆ 掌握信用的基本特征、各种信用形式及其特点、信用工具的特征及其种类。

◆ 理解信用的基本职能。

◆ 了解信用的产生及发展过程、信用工具的构成要素。

三、习　　题

（一）填空题

1. _____是最古老的信用形态。

2. 信用是在货币发挥_____职能基础上产生的，以_____为条件的借贷行为。

3. 现代信用的基础是_____，而_____则是现代信用的主要形式。

4. 银行信用是以_____形态提供的，它是在_____基础上产生和发展起来的。

5. 消费信用是对_____所提供的信用，它主要包括_____、_____、_____、_____等方式。

6. 现代信用是在和_____的斗争中逐渐形成和发展起来的。

7. 国家信用的产生与国家_____直接相关。

8. 国债的发行主体是_____。

9. 信用这一经济范畴有别于其他如财政、社会救济行为的最主要的特征是_____。

10. 根据补贴和贷款的对象不同，出口信贷又分为_____和_____两种方式。

11. 由于商业汇票是由债权人签发的，必须经过付款人_____后才能生效。

12. 商业票据在流通转让时，转让人需在票据背后签字，称为_____。

13. 政府债券是政府为筹措资金而发行的债务凭证。由于政府债券的信誉高、安全性强、风险小，通常被称为_____。

14. 基金券是一种性质介于_____和_____之间的收益凭证。

15. 信用工具具有四个方面的特性，即_____、_____、风险性和收益性。

16. 短期信用工具是指偿还期在_____的信用工具；长期信用工具是指偿还期在_____的信用工具。

（二）单项选择题

1. 信用在经济学中体现一种特殊的经济关系，它的基本特征是_____。

    A. 市场经济的基础   B. 还本付息

    C. 诚信   D. 守诺

2. 整个信用形式的基础是_____。

    A. 政府信用   B. 商业信用   C. 银行信用   D. 合作信用

3. 现代信用是指_____。

    A. 商品买卖   B. 商品借贷   C. 货币买卖   D. 货币借贷

4. 下列选项不属于短期信用工具的是_____。

    A. 本票   B. 国库券

    C. 共同基金   D. 大额可转让定期存单

5. 下列选项不属于长期信用工具的是_____。

    A. 政府公债   B. 优先股票   C. 共同基金   D. 信用证

6. 信用工具流动性与债务人信用能力的关系是_____。

    A. 负相关   B. 正相关   C. 不确定   D. 无关

7. 在商业信用中，货币执行的职能是_____。

    A. 流通手段   B. 支付手段   C. 价值尺度   D. 贮藏手段

8. 下列选项不属于商业信用局限性的是_____。

    A. 资本数量有限　　　　　　B. 供求具有方向性

    C. 期限的限制　　　　　　　D. 安全性的限制

9. 在商业信用中，提供信用的方向一般是_____。

    A. 上游企业向下游企业　　　B. 下游企业向上游企业

    C. 企业之间相互提供　　　　D. 实力强的企业向实力弱的企业

10. 企业与企业之间存在的"三角债"本质上属于_____。

    A. 商业信用　　B. 银行信用　　C. 国家信用　　D. 消费信用

11. 消费信用的对象是_____。

    A. 个人　　　　B. 企业　　　　C. 单位　　　　D. 政府

12. 蚂蚁花呗是支付宝推出的一项类似信用卡业务的服务，它属于_____。

    A. 消费信用　　B. 银行信用　　C. 商业信用　　D. 高利贷

13. 下列选项不属于消费信用的是_____。

    A. 小王以分期付款方式购买电脑

    B. 小李持信用卡透支购买电脑

    C. 小赵取得银行贷款购买大客车

    D. 小罗取得银行贷款购买小轿车

14. 现代经济中最主要的信用形式是_____。

    A. 商业信用　　B. 银行信用　　C. 国际信用　　D. 消费信用

15. 在银行信用中，银行充当的角色是_____。

    A. 债权人　　　　　　　　　B. 债务人

    C. 债权人兼债务人　　　　　D. 既非债权人也非债务人

16. 个人获得住房贷款属于_____。

    A. 商业信用　　B. 消费信用　　C. 国家信用　　D. 补偿贸易

17. 商业汇票需要先_____才能生效和流通。

    A. 贴现　　　　B. 背书　　　　C. 承兑　　　　D. 质押

18. 国家信用的主要工具是_____。

    A. 政府债券　　B. 银行贷款　　C. 银行透支　　D. 发行银行券

19. 国家信用的主要形式是_____。

    A. 发行政府债券　　　　　B. 短期借款

    C. 长期借款　　　　　　　D. 自愿捐助

20. 一些具有较高社会效益，但经济效益较差、投资回报期较长的大型基建项目的资金往往只能通过_____解决。

    A. 国家信用　　B. 社会信用　　C. 银行信用　　D. 民间信用

21. 下列选项属于国际商业信用的是_____。

    A. 补偿贸易和来料加工　　B. 出口信贷和进口信贷

    C. 国际金融机构贷款　　　D. 政府信贷

22. 下列选项中，均以货币形态提供的信用是_____。

    A. 商业信用、银行信用　　B. 国家信用、商业信用

    C. 国家信用、消费信用　　D. 商业信用、国际信用

23. 为了取得利息而贷放给职能资本家使用的资本叫_____。

    A. 产业资本　　B. 借贷资本　　C. 货币资本　　D. 商业资本

24. 借贷资本家贷出货币资本时让渡的权利是_____。

    A. 资本的所有权　　　　　B. 资本的使用权

    C. 资本的使用权和所有权　D. 既无所有权也无使用权

25. 在产业资本循环周期的各阶段上，银行信用的动态和产业资本的动态是_____。

    A. 一致的　　　B. 不一致　　C. 相辅相成的　D. 相互冲突的

26. 在产业资本循环周期的各阶段上，商业信用的动态和产业资本的动态是_____。

    A. 一致的　　　B. 不完全一致　C. 相辅相成的　D. 相互冲突的

（三）多项选择题

1. 信用的基本特征包括_____。

    A. 所有权转移　　　B. 使用权让渡　　　C. 到期偿还本金

    D. 支付利息　　　　E. 债权债务关系

2. 现代信用的主要形式有_____。

    A. 银行信用　　　　B. 国家信用　　　　C. 商业信用

D. 消费信用　　　　　E. 商品信用

3. 银行信用的特点包括_____。

    A. 买卖行为与借贷行为的统一

    B. 以金融机构为媒介

    C. 借贷的对象是处于货币形态的资金

    D. 属于直接信用形式

    E. 属于间接信用形式

4. 银行信用与商业信用的关系表现在_____。

    A. 商业信用是银行信用产生的基础

    B. 银行信用推动商业信用的完整

    C. 两者相互促进

    D. 银行信用大大超过商业信用，可以取代商业信用

    E. 没关系

5. 消费信用的形式有_____。

    A. 消费贷款　　　　　B. 赊销　　　　　C. 预付货款

    D. 分期付款　　　　　E. 信用卡消费

6. 国家信用的主要形式有_____。

    A. 发行国家公债　　　B. 发行国库券　　　C. 征税

    D. 向银行透支或借款　E. 发行专项债券

7. 信用工具的特征包括_____。

    A. 偿还性　　　　　　B. 流动性　　　　　C. 风险性

    D. 预期性　　　　　　E. 收益性

8. 下列选项属于长期信用工具的有_____。

    A. 政府公债　　　　　B. 优先股票　　　　C. 共同基金

    D. 信用证　　　　　　E. 本票

9. 下列选项属于短期信用工具的有_____。

    A. 本票　　　　　　　B. 国库券　　　　　C. 共同基金

    D. 商业汇票　　　　　E. 政府公债

（四）判断题

1. 信用是在货币发挥流通手段职能基础上产生的，是以偿还和付息为条件的借贷行为。（　　）

2. 信用工具也叫金融工具，是重要的金融资产，也是金融市场上主要的交易对象。（　　）

3. 商业信用的债权人是工商企业，债务人是消费者。（　　）

4. 各国中央银行和政府都难以有效控制商业信用膨胀带来的危机。（　　）

5. 银行信用是银行和各类金融机构以货币形式提供的信用，它是商业信用产生和发展的基础。（　　）

6. 发放贷款和吸收存款都是银行信用。（　　）

7. 商业本票是由债务人签发的，经过承兑行为后才具有法律效力。（　　）

8. 现代社会中，银行信用逐步取代商业信用，并使后者规模日益缩小。（　　）

9. 银行本票是由银行签发的，它可以代替现金流通，具有见票即付的功能。（　　）

10. 背书人与出票人同样要对票据的支付负责。（　　）

11. 商业信用是直接融资，银行信用是间接融资。（　　）

12. 在发行国债中，政府是债务人，企业个人等是债权人。（　　）

13. 买方信贷是出口方银行向进口商或进口方银行提供贷款的信用形式。（　　）

14. 根据《最高人民法院关于审理民间借贷案件适用法律若干问题的规定》，如果双方约定的利率超过合同成立时一年期贷款市场报价利率四倍，人民法院应拒绝支持出借人请求借款人按照合同约定利率支付利息。（　　）

（五）名词解释

1. 商业信用

2. 银行信用

3. 消费信用

4. 信用工具

5. 银行汇票

6. 银行本票

7. 商业汇票

（六）问答题

1. 如何理解信用的内涵？它有哪些职能？

2. 什么是信用工具？信用工具有哪些特点？

3. 商业信用的特点有哪些？它的局限性表现在哪些方面？

4. 简述银行信用的特点。

5. 如何理解"商业信用是现代信用的基础，银行信用是现代信用的主要形式"？

6. 简述消费信用的主要形式。

四、参考答案

（一）填空题

1. 高利贷

2. 支付手段、还本付息

3. 商业信用、银行信用

4. 货币、商业信用

5. 消费者、赊销、分期付款、信用卡消费、消费信贷

6. 高利贷

7. 财政

8. 中央政府

9. 有偿付出

10. 买方信贷、卖方信贷

11. 承兑

12. 背书

13. 金边债券

14. 股票、债券

15. 偿还性、流动性

16. 1 年以内（包括 1 年）、1 年以上

（二）单项选择题

1-5 B B D C D 6-10 B B D A A

11-15 A A C B C 16-20 B C A A A

21-25 A C B B B 26 A

（三）多项选择题

1. BCDE 2. ABCD 3. BCE 4. ABC 5. ABDE

6. ABDE 7. ABCE 8. ABC 9. ABD

（四）判断题

1. × 2. √ 3. × 4. √ 5. × 6. √ 7. × 8. × 9. √ 10. √

11. √ 12. √ 13. √ 14. √

（五）名词解释

1. 商业信用：是指企业之间以赊销商品或预付货款等形式提供的信用。商业信用是现代经济中最基本的信用形式之一。

2. 银行信用：是指金融机构（包括银行和非银行金融机构）以货币形态向社会和个人所提供的信用。

3. 消费信用：工商企业、银行或其他金融机构利用赊销和分期付款等方式推销耐用消费品或房屋等对消费者提供的信用。

4. 信用工具：指以书面形式发行和流通、借以保证债权人或投资人的权利，是资金供应者和需求者进行资金融通时用来证明债权债务关

系的各种合法凭证。

5. 银行汇票：汇款人向银行交存资金后由银行签发给汇款人持往异地取现或办理转账的汇款凭证。

6. 银行本票：由银行签发的，承诺自己在见票时无条件支付确定的金额给收款人或持票人的票据。

7. 商业汇票：是由付款人或存款人（或承兑申请人）签发的要求债务人按约定的期限向指定的收款人或持票人无条件支付一定金额的命令书。

（六）问答题

1. 答案要点：信用是以偿还为条件的价值运动的特殊形式。要准确把握信用的经济学内涵，需从以下三个方面来理解：（1）信用是一种特殊的价值运动形式；（2）是以支付利息为条件的借贷行为；（3）信用是从属于商品货币经济的范畴。

信用的基本职能主要有：（1）集中和积聚社会资金；（2）分配和再分配社会资金；（3）节约流通费用；（4）促进利润率的平均化；（5）调节经济运行；（6）提供和创造信用流通工具。

2. 答案要点：信用工具是以一定格式发行和流通的，借以证明债权债务关系或所有权关系的合法凭证。其特点有：（1）期限性；（2）流动性；（3）风险性；（4）收益性。

3. 答案要点：商业信用是企业之间以商品形式提供的信用，典型的商业信用是企业以商品形式提供给另一个企业的信用，即通常所说的赊销。特点包括：（1）其主体是厂商；（2）其客体是商品资本；（3）商业信用和产业资本的动态相一致。局限性包括：（1）规模的限制；（2）方向的限制；（3）期限的限制；（4）商业信用容易形成社会债务链。

4. 答案要点：银行信用是指金融机构（包括银行和非银行金融机构）以货币形态向社会和个人所提供的信用。（1）银行信用是一种间接信用；（2）银行信用是以货币形态提供的信用；（3）银行信用期限灵活，既可以提供短期信用，也可以提供长期信用；（4）银行信用具有广泛的接受性；（5）银行信用的可控性强。

5. 答案要点：首先，商业信用可以克服在商品生产和流通过程中卖方商品积压、买方又缺乏资金的矛盾；其次，厂家向商家提供商业信用有利于商家减少资本持有量，提高商品流通速度，促进经济发展。因此，在现代市场经济中，商业信用得以充分发展，成为现代信用制度的基础。

由于商业信用是厂商之间以商品形式提供的信用，具有一定的局限性：一是商业信用的规模受到厂商资本数量的限制；二是商业信用受到商品流转方向的限制；三是商业信用受到期限的限制。而银行信用是由银行、货币资本所有者和其他专门的信用机构以贷款的形式提供给贷款人的信用，银行信用克服了商业信用的局限性，大大扩充了信用的范围、数量和期限，更能满足经济发展的需要，因此成为现代信用的主要形式。

尽管银行信用是现代信用的主要形式，但商业信用依然是现代信用的基础。因为商业信用能直接服务于产业资本的周转，是厂商首先使用的信用形式，银行信用的大量业务仍以商业信用为基础（如票据贴现）。

6. 答案要点：消费信用是指企业、银行和其他金融机构向消费者个人提供的、用于生活消费目的的信用。主要形式有：（1）分期付款，是指零售企业向个人提供的以分期付款的方式购买所需消费品的一种消费信用形式，多用于购买耐用消费品。（2）消费贷款，是银行和其他金融机构以货币形式向个人提供的以消费为目的的贷款。（3）信用卡，是由银行或信用卡公司依照用户的信用度与财力发给持卡人的一种特质载体卡片，持卡人持信用卡消费时无须卡中有现金，待信用卡结账日再行还款的一种消费信用形式。

第三章 利息与利息率

一、内容摘要

利息和利息率是伴随着信用活动而出现的重要概念，也是现代经济生活中的重要经济变量。利息的研究主要讨论利息的本质与来源，其关键在于"质"的分析，即回答"是什么"的问题；而利息率的研究则侧重于探讨利率水平的决定，分析利率的决定因素及主要影响因素，其重点在于"量"的分析，即回答"是多少"的问题。利息和利息率作为资金和金融产品的价格，在市场经济体系中具有重要的基础性地位。

（一）利息及其本质

利息是从属于信用活动的范畴，是伴随着借贷行为而产生的。在信用活动中，资金的所有者在不改变资金所有权的前提下，将资金的使用权在一定时期内让渡给资金需求者，从而在借贷期满时从资金需求者那里得到一个超出借贷本金的增加额，这个增加额就是利息。

1. 西方经济学者对利息本质的看法

长期以来，经济学家们对利息本质问题作了深入的研究，形成了不同认识。西方经济学家有时差论、节欲论、流动性偏好论等观点。

2. 马克思对利息本质的科学论述

马克思对利息的本质问题作过深入的研究，他却认为利息直接来源于利润，是利润的一部分而不是全部，并且也是剩余价值的转化形态。

3. 利息与收益的关系

利息作为利润的一部分，是资金所有者贷出资金的报酬，没有借贷活动，也就没有利息。但在现实生活中，利息已经被人们看作是收益的一般形态。

4. 收益的资本化

对于任何有收益的事物，不论它是否是一笔贷放出去的货币，也不论它是否是一笔资本，都可以通过收益与利率的对比倒推出它相当于多大的资本，这一过程就称为"资本化"。

（二）利率及其种类

1. 利率概述

利率是利息率的简称，是指在借贷期内所获得的利息额与借贷本金的比率，即利率=利息/本金。

2. 利率的种类

在利率这个大系统中，按照不同的标准，利率可以划分出多种多样不同的类别，有存款利率与贷款利率、固定利率与浮动利率、名义利率与实际利率、长期利率与短期利率、基准利率、一般利率与优惠利率、市场利率、官定利率与公定利率等。

（三）利率水平的决定

1. 决定利率水平的因素

利率是计算使用借贷资金报酬的依据。利率水平的高低直接影响着借款者的成本和贷款者的收益。决定利率水平的因素是多种多样的，主要有社会平均利润率、借贷资金的市场供求状况、通货膨胀预期、中央银行货币政策等。

2. 利率决定理论

马克思的利率决定理论是建立在剩余价值论的基础之上的，并以剩余价值在货币资本家和职能资本家之间的分割作为分析的起点。西方利率决定理论主要有：古典利率理论、流动性偏好利率理论、可贷资金利率理论以及 *IS-LM* 分析的利率理论。

（四）利率的功能

利率是一种重要的经济杠杆，对宏观经济运行和微观经济运行都有着极其重要的调节作用，但要使利率充分地发挥作用，必须具备一定的市场环境和前提条件。

1. 利率的风险结构与期限结构

现实生活中的利率种类非常多，而且通常不一样。利率的风险结构与期限结构理论对利率差异的形成提供了解释。利率的风险结构考察的是发行主体不同、期限相同的债券出现利率差异的原因，而利率的期限结构考察的则是发行主体相同、期限不同的债券利率之间的关系。

2. 利率管理体制

利率管理体制是国家对利率进行管理的一种组织制度，它是一个国家或地区金融管理当局利率管理的权限、范围、程度、措施及利率传导机制的总称。它是一个国家或地区经济管理体制的重要组成部分，是利率政策发挥作用的基础。目前，世界各国采取的利率管理体制主要有两种类型：一是利率管制，二是利率市场化。我国的利率管理体制正逐步由利率管制转变为利率市场化。

二、学习目标

◆ 明确利息的本质，掌握利率的种类、投资收益率的计算、利率决定理论的主要内容、利率的风险结构与期限结构的含义。

◆ 理解收益资本化的含义、利率的功能及其充分发挥的前提条件、利率水平的决定因素、利率的管理体制。

◆ 了解经济学者对利息本质的看法、利率的风险结构与期限结构的相关理论、我国利率体制改革的进程。

三、习 题

（一）填空题

1. 在现实生活中，利息已经被人们看作是_____的一般形态。

2. 在一般情况下，利率的最高界限为_____，最低界限是_____。

3. 表示现在一定量的货币在未来一定时间后的价值，即资本的_____。若把将来某一时点的资本值换算成现在时点等值的资本，其换算结果为_____。

4. _____是决定利率水平高低的首要因素。

5. 根据利率决定主体不同，利率可分为_____、_____和_____。

6. 伦敦同业拆借市场利率的英文缩写是_____。

7. 名义利率剔除物价变动因素后计算出来的利率是_____。

8. _____是在整个利率体系中起主导作用，能够带动和影响其他利率的利率。

9. 国际金融市场最常用的基准利率是_____。

10. 利率的高低与期限长短、风险大小有直接的联系，一般来说，期限越长，投资风险_____，其利率_____。

11. 有价证券、土地、劳动力等价格的形成是_____发挥作用的表现。

（二）单项选择题

1. 利息是_____的价格。

    A. 货币资本   B. 借贷资本   C. 外来资本   D. 银行资本

2. 利率是一种重要的_____。

    A. 经济杠杆   B. 政治手段   C. 法制手段   D. 经济措施

3. 利率作为调节经济的杠杆，其杠杆作用发挥的大小主要取决于_____。

    A. 利率对储蓄的替代效应   B. 利率对储蓄的收入效应

    C. 利率弹性   D. 消费倾向

4. 由政府或政府金融机构确定并强令执行的利率是_____。

    A. 公定利率   B. 一般利率   C. 官定利率   D. 固定利率

5. 由非政府部门的民间金融组织如同业公会等确定的利率是_____。

    A. 官定利率   B. 公定利率   C. 基准利率   D. 固定利率

6. 由市场资金供求状况和风险收益等因素决定的利率称为_____。

    A. 市场利率   B. 官定利率   C. 浮动利率   D. 长期利率

7. 优惠利率是相对_____而定的。

    A. 固定利率   B. 浮动利率   C. 一般利率   D. 市场利率

8. 一笔2亿元3年期的贷款，贷款成立时的利率定为8%，以后根据市场利率的变化每半年调整一次，这属于_____。

    A. 市场利率   B. 浮动利率   C. 官定利率   D. 优惠利率

9. 国际金融市场上的浮动利率大多以_____银行间同业拆借利率为主要参照。

    A. 纽约   B. 伦敦   C. 巴黎   D. 东京

10. _____又叫中心利率，是指在多种利率并存条件下起决定作用的利率。

    A. 基准利率   B. 法定利率   C. 固定利率   D. 实际利率

11. 美国的基准利率是_____。

    A. 联邦基金利率   B. 优惠利率

    C. 官定利率   D. 公定利率

12. 在国际借贷市场上，低于LIBOR的贷款利率被称为_____。

    A. 固定利率   B. 浮动利率   C. 一般利率   D. 优惠利率

13. 粗略地看，名义利率与实际利率之间相差_____。

    A. 经济增长率   B. 工资上涨率   C. 通货膨胀率   D. 货币增发率

14. 名义利率与物价变动的关系呈_____。

A. 正相关关系   B. 负相关关系

C. 交叉相关关系   D. 无相关关系

15. 衡量利率最精确的指标通常是_____。

A. 基准利率   B. 法定利率   C. 到期收益率 D. 存款利率

16. 负利率是指_____。

A. 名义利率低于零   B. 实际利率低于零

C. 实际利率低于名义利率   D. 名义利率低于实际利率

17. 利息率的合理区间是_____。

A. 小于零   B. 大于零

C. 高于平均利润率   D. 大于零小于平均利润率

18. 利率的期限结构可用债券的回报率曲线来表示，在四种可能的状态中，_____最常见。

A. 平坦型   B. 递增型   C. 递减型   D. 隆起型

19. 期限相同的各种信用工具利率之间的关系是_____。

A. 利率的风险结构   B. 利率的期限结构

C. 利率的信用结构   D. 利率的补偿结构

20. 马克思经济学认为利息是_____。

A. 劳动者创造的   B. 来源于地租

C. 放弃货币流动性的补偿   D. 放弃货币使用权的报酬

21. 凯恩斯经济理论的主要内容之一的利率理论是_____。

A. 可贷资金理论   B. 市场分割理论

C. 流动性偏好理论   D. 预期理论

22. 下列选项关于利率决定理论的说法正确的是_____。

A. 凯恩斯的利率理论强调投资与储蓄对利率的决定作用

B. 窖藏与反窖藏是古典利率理论中决定利率的两大因素

C. 可贷资金利率理论偏重于实物领域对利率的决定作用

D. 流动性偏好理论强调了货币供求对利率的决定作用

23. 下列选项强调投资与储蓄对利率的决定作用的是_____。

A. 马克思的利率理论   B. 流动偏好利率理论

C. 可贷资金利率理论   D. 古典利率理论

24. 将货币因素与实际因素，存量分析与流量分析综合为一体的是_____。

    A. 马克思利率理论　　　　　　　B. 古典利率理论

    C. 可贷资金利率理论　　　　　　D. 凯恩斯货币利率理论

25. 我国利率管理体制改革的方向是实行_____。

    A. 利率管制　　B. 利率市场化　　C. 实际利率　　D. 浮动利率

26. _____是利率市场化的基础，它有利于形成市场化的利率信号。

    A. 一级市场　　B. 二级市场　　C. 货币市场　　D. 资本市场

27. 我国发行的国库券经常采用_____计算利息。

    A. 复利法　　　　　　　　　　　B. 单利法

    C. 到期收益率法　　　　　　　　D. 现值法

28. 更能体现价值增值规律的为_____。

    A. 单利　　　　　B. 复利　　　　C. 单利和复利　　D. 都不能

29. 定期定额的系列现金流叫_____

    A. 年金　　　　　B. 现值　　　　C. 终值　　　　D. 复利

30. 下列因素不会影响可贷资金供给的是_____。

    A. 政府财政赤字　　　　　　　　B. 家庭储蓄

    C. 中央银行的货币供给　　　　　D. 利用外资

31. 下列因素变动会导致利率水平上升的是_____。

    A. 投资需求减少　　　　　　　　B. 居民储蓄增加

    C. 中央银行收缩银根　　　　　　D. 财政预算减少

32. 通常情况下，市场利率上升会导致证券市场行情_____。

    A. 看涨　　　　　　　　　　　　B. 看跌

    C. 看平　　　　　　　　　　　　D. 以上均有可能

33. 如果一国的名义利率为 10%，通货膨胀率为 10%，若仅考虑物价变动对本金的影响，则该国的实际利率是_____。

    A. 0%　　　　B. 10%　　　　C. 20%　　　　D. 100%

34. 某公司债券面值 100 元，票面利率 4%，若每季度计息一次，年终付息，按照复利计算其每年利息为_____。

A. 4   B. 4.06   C. 16.98   D. 4.04

35. 若年利率4.8%，则月利率为_____。

A. 4%   B. 4‰   C. 4.8%   D. 2.4%

36. 我国习惯将年息、月息、日息都以"厘"作单位，但实际上含义却不同，如年息6厘、月息4厘、日息2厘，则分别是指_____。

A. 年利率为6%，月利率为4%，日利率为2%

B. 年利率为6‰，月利率为4‰，日利率为2‰

C. 年利率为万分之六，月利率为万分之四，日利率为万分之二

D. 年利率为6%，月利率为4‰，日利率为万分之二

37. 某债券的票面利率为10%，当期的通胀率为5%，则该债券精确的实际利率为_____。

A. 5.2%   B. 5%   C. 10%   D. 4.76%

38. 经国务院批准，中国人民银行自_____起全面放开金融机构贷款利率管制。

A. 2013年7月20日   B. 2004年10月29日

C. 2015年10月23日   D. 1996年6月1日

（三）多项选择题

1. 利息计算方法有_____。

A. 单利法   B. 复利法   C. 年利法

D. 月利法   E. 日利法

2. 利率按期限可以分为_____。

A. 长期利率   B. 短期利率   C. 固定利率

D. 浮动利率   E. 存款利率

3. 按利率是否可以根据市场变化而变动，利率分为_____。

A. 市场利率   B. 官定利率   C. 浮动利率

D. 固定利率   E. 名义利率

4. 以借贷期内利率是否调整为依据，利率分为_____。

A. 市场利率   B. 官定利率   C. 浮动利率

D. 固定利率   E. 名义利率

5. 若考虑通货膨胀的因素，利率分为_____。

    A. 市场利率   B. 官定利率   C. 名义利率

    D. 实际利率   E. 固定利率

6. 在经济生活中，_____才是人们更应看重的。

    A. 实际利率   B. 名义利率   C. 到期收益率

    D. 官定利率   E. 固定利率

7. 下列选项可以作为基准利率的有_____。

    A. 市场利率   B. 浮动利率

    C. 中央银行的再贴现利率

    D. LIBOR   E. 名义利率

8. 下列选项属于年金的有_____。

    A. 分期偿还贷款   B. 分期支付工程款   C. 发放养老金

    D. 分期付款赊销   E. 收到销售收入

9. 利率结构有_____。

    A. 利率的风险结构   B. 利率的期限结构   C. 利率的时间结构

    D. 利率的稳定结构   E. 利率的波动结构

10. 利率与期限的关系有_____。

    A. 利率与期限不相关

    B. 利率是期限的增函数

    C. 利率是期限的减函数

    D. 利率受税收因素的影响

    E. 利率受违约风险的影响

11. 利率的风险结构的影响因素有_____。

    A. 违约风险   B. 证券的流动性   C. 税收因素

    D. 时间的长短   E. 预期利率

12. 下列说法正确的有_____。

    A. 各种期限债券的利率往往是同向波动的

    B. 长期债券的利率往往高于短期债券

    C. 长期债券的利率往往低于短期债券

    D. 各期期限债券的利率往往是反向波动的

E. 长期回报率曲线也会出现偶尔向下倾斜的情况

13. 决定和影响利率的主要因素有_____。

    A. 平均利润率   B. 借贷资本供求关系   C. 货币政策

    D. 国际利率水平   E. 物价水平

14. 马克思利率决定理论提出决定利率的因素有_____。

    A. 平均利润率   B. 借贷资本供求关系   C. 社会再生产状况

    D. 物价水平   E. 收入水平

15. 古典利率理论认为，利率的决定因素有_____。

    A. 货币供给   B. 货币需求   C. 储蓄

    D. 投资   E. 收入

16. 在可贷资金利率理论中，可贷资金的供给包括_____。

    A. 货币供给   B. 货币需求   C. 储蓄

    D. 投资   E. 以上都对

17. 可贷资金利率理论是在综合_____的基础上建立起来的。

    A. 商业性贷款理论 B. 古典学派利率理论   C. 凯恩斯利率理论

    D. 资产可转换理论 E. *IS-LM* 模型

18. 利率管理体制的类型有_____。

    A. 固定利率型   B. 浮动利率型   C. 基准利率型

    D. 利率管制   E. 利率市场化

19. 利率自由化会_____。

    A. 加剧金融机构之间的竞争

    B. 促使借贷资金的有效分配

    C. 提高借贷资金的使用效益

    D. 把资金导向最有利的途径

    E. 使国家对利率不再有任何干预和影响

（四）判断题

1. 单利计算法计算简单、方便，一般适用于长期借贷。（   ）

2. 当债券折价发行时，其到期收益率低于票面利率。（   ）

3. 到期收益率与现值呈正向变动关系。（   ）

4. 一般而言，只有正利率才符合价值规律的要求。（　　　）

5. 因为考虑了通货膨胀因素，所以名义利率必然高于实际利率。（　　　）

6. 实际利率是以实物为标准计算的，即物价不变，货币购买力不变条件下的利率。（　　　）

7. 基准利率是指在整个借贷期内固定不变的利率，而非基准利率是指随市场供求而变动的利率。（　　　）

8. 古典利率理论使用的是存量分析方法。（　　　）

9. 可贷资金利率决定理论认为，可贷资金供给来自社会的储蓄存量和该期间货币供给的变动量。（　　　）

10. 凯恩斯认为，利率仅仅决定于两个因素：货币供给与货币需求。（　　　）

11. 有违约风险的债券总是具有负的风险升水，并且风险升水随着违约风险的增加而增大。（　　　）

12. 在预期通货膨胀率上升时，市场利率水平会有很强的上升趋势；在预期通货膨胀率下降时，市场利率水平也趋于下降。（　　　）

13. 期限相同的不同债券之间的利率差别本质上是由于债券的违约风险不同和流动性大小不同所致。（　　　）

14. 虽然债券的期限不同，但它们的利率却随时间一起波动。（　　　）

15. 分割市场假说认为，不同期限证券间具有完全的替代性。（　　　）

16. 根据预期假说理论，若预期短期利率高于现行短期利率，则收益率曲线向下倾斜。（　　　）

17. 利率市场化就是指中央银行完全放弃对利率的调控，利率完全由市场决定。（　　　）

（五）名词解释

1. 市场利率

2. 浮动利率

3. 基准利率

4. 实际利率

5. 名义利率

6. 公定利率

7. 官定利率

8. 流动性偏好

9. 流动性陷阱

10. 风险升水

（六）问答题

1. 简述利息率水平的决定因素。

2. 简述凯恩斯的流动偏好利率理论的主要内容。

3. 简述可贷资金利率理论。

4. 利率有哪些重要功能？发挥这些功能的前提条件主要有哪些？

5. 简述"收益的资本化"现象。

6. 简述流动性偏好利率理论与可贷资金利率理论的主要差异。

（七）计算题（注：所有计算结果保留到小数点后两位）

1. 假设 2001 年的名义利率为 2.5%，物价上涨率为 1%，在考虑物价上涨既导致本金贬值，也导致利息贬值的条件下，试计算该年度的实际利率。

2. 假设一笔贷款为 10000 元，期限为 3 年，到期一次性还本付息，贷款利率为 8%，试分别用单利法和复利法（以年为计息周期），计算到期的本利和。

3. 现有三年期国债两种，分别按一年和半年付息方式发行，其面值为 1000 元，票面利率 6%，市场利率为 8%，其发行价格分别是多少？

4. 某年物价指数为 97，银行一年期利率为 8%，计算物价变动对本金及本息影响下的实际利率？

（八）材料分析题

1. 2016年全球货币金融市场出现了一个前所未有的现象：很多发达国家都启动或考虑启动负利率政策。所谓负利率政策是指央行对银行存放在央行的准备金存款征收负利率，并不是说银行对普通储户会收取利息费用。其实，欧洲央行早在2014年6月已将隔夜存款利率从零降至-0.1%，并进一步下调至-0.3%。瑞士、丹麦、瑞典的名义利率也在零以下。在2014年，欧元区经济面临最大的挑战并不是债务危机，而是通缩压力和银行借贷。因此，欧洲中央行实施负利率则是为了刺激银行积极放贷，缓解国内的通缩压力。

很多投资者面临着负利率政策环境，也就是说，银行存在央行里的钱需要付费；低利率和负利率的流行充分说明，国际金融市场的风险偏好已经极度保守，投资者已极度厌恶和担忧风险，全球货币金融和整体经济的不确定性急剧上升；而另一方面，很多央行正在实施大规模资产购买计划，比如欧洲央行，与投资者形成了竞购债券的局面。尽管如此，政府债券的收益率仍算不上有吸引力。在全球低利率甚至负利率环境下，通常被视为"无风险回报"（risk-free return）的政府债券正面临着"无回报风险"（return-free risk）。

我们以日本为例，由于日本实施史无前例的货币宽松政策，2016年正式迈入负利率时代，长端国债那仅有的一点正收益成了市场竞相争夺的对象，导致期限最长的40年期国债收益率今年断崖式下跌，这使日本收益率曲线走平，甚至出现倒挂的现象。收益率下降代表国债价格在上涨，尽管日本国债收益率极低，甚至为负数，但以30年期国债为代表，其在过去3个月里实际上带来了5.1%的回报，日本基准10年期国债收益率近期首次跌破日本央行的隔夜拆借利率，40年期的国债虽说此前和30年期的收益率出现过倒挂，但最近的倒挂达到了2.9个基点，为历史上最大的幅度。

（资料来源：《人民日报》2016年3月2日）

思考：（1）结合流动性偏好理论，低利率与负利率的流行说明了什么经济现象？

（2）从期限选择与流动性升水理论出发，分析国债收益率倒挂的原因。

四、参考答案

（一）填空题

1. 收益

2. 平均社会利润率、零

3. 终值、现值

4. 利润率（社会平均利润率）

5. 公定利率、官定利率、市场利率

6. LIBOR

7. 实际利率

8. 基准利率（中心利率）

9. LIBOR（伦敦银行间同业拆借利率）

10. 越大、越高

11. 收益资本化

（二）单项选择题

1-5　B　A　C　C　B　6-10　A　C　B　B　A

11-15　A　D　C　A　C　16-20　B　D　B　A　A

21-25　C　D　D　C　B　26-30　C　B　B　A　A

31-35　C　B　A　B　B　36-38　D　D　A

（三）多项选择题

1. AB　 2. AB　 3. AB　 4. CD　 5. CD

6. AC　 7. CD　 8. ABCD　 9. AB　 10. ABC

11. ABC　 12. ABE　 13. ABCDE　 14. ABC　 15. CD

16. AC   17. BC   18. DE   19. ABCD

（四）判断题

1. ×   2. ×   3. ×   4. √   5. ×   6. √   7. ×   8. ×   9. ×   10. √
11. ×   12. √   13. √   14. √   15. ×   16. ×   17. ×

（五）名词解释

1. 市场利率：是指由市场资金供求状况和风险收益等因素决定的利率。

2. 浮动利率：是指在借贷关系存续期内，利率水平可以根据市场利率的波动定期进行调整。

3. 基准利率：是指在整个利率体系中居于支配地位，能带动和影响其它利率的基础性利率，也叫中心利率。

4. 实际利率：是指名义利率剔除物价变动因素后计算出来的利率，也可以理解为是在物价水平不变、货币购买力也不变的条件下的利率。

5. 名义利率：是指以货币为标准计算出来的利率，通常是在没有考虑通货膨胀的条件下借贷契约上载明的利率水平，也称为货币利率。

6. 公定利率：指由金融机构或行业公会、协会（如银行同业公会等）按协商的办法所确定的利率。

7. 官定利率：是指由政府金融管理部门或中央银行确定的利率，具有一定的强制性，也称为法定利率。

8. 流动性偏好：指人们宁可持有没有收益但周转灵活的货币的心理倾向，实质上就是人们对货币的需求。

9. 流动性陷阱：当利率低到一定程度时，整个经济中所有的人都预期利率将上升，从而所有的人都希望持有货币而不愿持有债券，投机动机的货币需求将趋于无穷大，若央行继续增加货币供给，将如数被人们无穷大的投机动机的货币需求所吸收，从而利率不再下降，这种极端情况即所谓的"流动性陷阱"。

10. 风险升水：指有违约风险债券与无违约风险债券之间的利率差额。

（六）问答题

1. 答案要点：决定利率水平的因素是多种多样的，主要有以下几种：

（1）社会平均利润率；（2）借贷资金的市场供求状况；（3）通货膨胀预期；（4）中央银行货币政策；（5）社会再生产周期；（6）国际收支状况；（7）市场汇率水平；（8）国际利率水平。此外，银行的经营成本、借贷的期限和风险大小、政府的预算赤字等因素都会影响一国利率水平的变动。

2. 答案要点：凯恩斯认为利率决定于货币供求关系，其中，货币供给为外生变量，由中央银行直接控制；而货币需求则是一个内生变量，它由人们的流动性偏好决定。凯恩斯认为，人们的流动性偏好有三个动机：交易动机、预防动机（或谨慎动机）和投机动机，这三个动机分别决定了交易性货币需求、预防性货币需求和投机性货币需求。其中，交易动机和预防动机与利率没有直接联系，而与收入成正比关系，投机动机则与利率成反比关系。如果用 L_1 表示出于交易动机和预防动机而持有货币的货币需求，以 L_2 表示出于投机动机而持有货币的货币需求，则 $L_1(Y)$ 为收入 Y 的递增函数，$L_2(i)$ 为利率 r 的递减函数，货币总需求 $L=L_1(Y)+L_2(i)=L(Y,i)$。再用 M_1 表示满足 L_1 的货币供应量，用 M_2 表示满足 L_2 的货币供应量，则货币供应量 $M_s=M_1+M_2$。当货币供求均衡时，即有：

$$M_s = M_1 + M_2 = L_1(Y) + L_2(i) = L(Y, i)$$

凯恩斯认为均衡利率决定于货币需求与货币供应的相互作用。如果人们的流动性偏好加强，货币需求就会大于货币供应，利率便上升；反之则反是。当流动性偏好所决定的货币需求量 L 与货币当局（中央银行）所决定的货币供给量 M_s 相等时，利率便达到了均衡水平。

3. 答案要点：在某种程度上，可贷资金利率理论可以看成是古典利率理论和流动性偏好理论的一种综合。基本思想是："可贷资金"的供给与需求决定均衡利率。所谓可贷资金，基本上是指现实的和潜在的可用于信用活动的资金和货币扩张手段。从信贷活动的发生过程来看，可贷资金的需求包括投资和净窖藏两个部分。其中，投资部分为利率的递减函数，即 $I=I(i)$，$dI/di<0$；净窖藏部分 ΔH 也是利率的递减函数，即 $\Delta H=\Delta H(i)$，$d\Delta H/di<0$。总之，可贷资金的需求为 $I(i)+\Delta H(i)$。

可贷资金的供应包括储蓄和中央银行、商业银行通过增加货币供给和创造信用。储蓄是利率的递增函数，即 $S=S(i)$，$dS/di>0$；而货币供应增量 ΔM 一般与利率无关，它主要取决于中央银行的准备金政策等因素。因此，可贷资金的供应为 $S(i)+\Delta M$。可贷资金理论认为利率取决于可贷资金的供应与需求的均衡点，可用公式表示为：

$$S(i)+\Delta M=I(i)+\Delta H(i)$$

4. 答案要点：利率是一种重要的经济杠杆，对宏观经济运行和微观经济运行都有着极其重要的调节作用。利率的宏观功能主要有：（1）积聚社会资金；（2）调节资金供求；（3）优化资源配置；（4）稳定货币流通；（5）平衡国际收支。利率的微观功能主要有：（1）对微观经济主体的激励作用；（2）对微观经济主体的约束作用；（3）对社会财富合理分配的作用。利率要发挥调节作用，还必须具有一定的市场环境和市场条件，主要有：（1）市场化的经济运行方式；（2）硬约束的微观经济主体；（3）完善发达的金融市场；（4）市场化的利率管理体制。

5. 答案要点：由于利息概念的存在，任何有收益的事物，即使它并不是一笔贷出去的货币，甚至它根本就不是一笔实实在在的货币，都可以通过收益与利率的对比倒过来算出它相当于多大的资本金额。这种现象称为"收益的资本化"。

6. 答案要点：

（1）流动性偏好利率理念是凯恩斯的利率决定理论，凯恩斯认为，人们之所以偏好流动性，是因为流动性能给自己带来安全感和灵活性。利息是对货币贷出者带来的不便的一种补偿。或者说，利率是为诱使货币持有者自愿放弃对货币的灵活控制权而支付的价格。由于货币是流动性最强的资产，所以，流动性偏好理念可以理解为货币供求决定利率理论。所以，当货币需求等于货币供给时，即当公众愿意持有的货币量刚好等于现有货币存量时，均衡利率就形成了。

（2）可贷资金利率理论是由英国的罗伯逊与瑞典的俄林等提出的利率决定理论，所谓"可贷资金"，是指可以贷放出去的资金。该理论认为，利率是由可贷资金的供给和需求决定的。显然，可贷资金供给与利率呈正相关关系，可贷资金需求与利率呈负相关关系。利率取决于可贷资金的供给与需求的均衡点。

（3）流动性偏好利率理论与可贷资金理论是两大主流的利率决定理论，二者在以下方面存在着差异：①在利率决定因素上的区别：流动性偏好利率理论强调货币因素，认为货币的供求决定利率水平，与储蓄、投资等实际因素无关。可贷资金利率理论则认为不仅货币供求决定利率水平，储蓄、投资等实际因素也对利率起决定作用。②分析方法上的区别：流动偏好利率理论采取存量分析方法，其货币供给是指在某时点经济中的货币存量，货币需求是指同一时点人们希望持有的货币数量。认为利率由某一既定瞬间的货币的现存供应量和需求量决定。可贷资金利率理论则采用流量分析方法，注重对某一时期储蓄流量、投资流量和货币供求的增量变化的分析。③在分析时期上的区别：流动性偏好利率理论是短期货币利率理论，它强调短期货币供求因素的决定作用。可贷资金利率理论则注重长期的利率水平决定，它强调借助货币分析实际经济变量的决定作用，认为在长期分析中，短期货币因素的作用是微不足道的。④对利率的自发调节作用理解不同：流动性偏好利率理论认为，利率难以发挥自动调节经济的作用，因为货币可以影响实际经济活动水平，但是它首先对利率产生影响。即货币供求的变化引起利率的变动，再由利率的变动影响投资，从而影响国民经济。如果货币供给曲线与货币需求曲线的平坦部分（即"流动性陷阱"）相交，则利率不受任何影响。可贷资金利率理论则认为，利率会随着储蓄的增加而下降，从而刺激投资。利率的调整活动要到资本的增加与储蓄的增加相等时为止。因此，储蓄、投资等实际变量的变化会决定市场利率，再通过利率的波动来调整整个经济的消费和投资，最终必将使其趋于均衡。

（七）计算题

1. 设实际利率为 i，通货膨胀率为 p，名义利率为 r，则，

$$(1 + r) = (1 + i)(1 + p)$$

$$(1 + 2.5\%) = (1 + i)(1 + p)$$

$$i \approx 1.49\%$$

2. （1）单利法 $S = p \times (1 + i \times n)$

$$= 10000 \times (1 + 8\% \times 3)$$

$$= 12400 （元）$$

（2）复利法 $S = p \times (1 + i) \times (1 + i) \times (1 + i)$

$$= 10000 \times (1 + 8\%)^3$$

$$= 12597.12 （元）$$

3. 票面年利息 $= 1000 \times 6\% = 60$（元）

$$半年息 = \frac{1000 \times 6\%}{2} = 30 （元）$$

$$P1 = \frac{60}{1 + 8\%} + \frac{60}{(1 + 8\%)^2} + \frac{60}{(1 + 8\%)^3} + \frac{1000}{(1 + 8\%)^3}$$

$$\approx 948.46 （元）$$

$$P2 = \frac{30}{1 + 4\%} + \frac{30}{(1 + 4\%)^2} + \cdots + \frac{30}{(1 + 4\%)^6} + \frac{1000}{(1 + 4\%)^6}$$

$$\approx 947.58 （元）$$

4. 根据公式：实际利率 $=$ ［（1+名义利率）/物价指数−1］×100%

已知物价指数为 97%，名义利率为 8%，代入公式得：

实际利率 $=$ （1.08/0.97−1）×100% $\approx 11.34\%$

（八）材料题

1. 答案要点：（1）流动性陷阱。流动性陷阱是凯恩斯提出的一种假说，指当一定时期的利率水平降低到不能再低时，人们就会产生利率上升而债券价格下降的预期，货币需求弹性就会变得无限大，即无论增加多少货币，都会被人们储存起来。发生流动性陷阱时，再宽

松的货币政策也无法改变市场利率，使得货币政策失效。低利率与负利率的流行正是说明了流动性陷阱。（2）预期未来的短期利率下跌。期限选择和流动性升水理论是指长期债券的利率等于该种债券到期之前短期利率预期平均值加上该种债券由供求条件变化决定的期限（流动性）升水。

第四章 金融市场

一、内容摘要

（一）金融市场及其构成要素

金融市场就是以金融资产为交易对象而形成的供求关系及其机制的总和，其核心是通过价格机制，实现金融资产的优化配置。金融市场的构成要素包括市场主体、市场客体、市场媒体和市场价格机制等。

在金融市场上，资金供给者和资金需求者之间的资金融通方式有两种：直接金融和间接金融。金融工具则是金融市场上据以进行交易的合法凭证，是货币资金或金融资产借以转让的载体。偿还性、收益性、流动性和风险性是金融工具的四个最重要的经济特征。为了更好地研究金融市场体系，人们从不同的角度对金融市场进行分类。

（二）货币市场

货币市场是短期资金融通市场，主要由同业拆借市场、票据贴现市场、大额可转让定期存单市场、回购协议市场和国库券市场组成。

（三）资本市场

股票、债券是资本市场上的主要金融工具。其中，股票是一种出资凭证，代表着股东对公司的所有权。债券是资金需求者向资金供给者开出的承诺在一定时期内支付一定利息并到期偿还本金的债务凭证，其中，资金需求者为债务人，资金供给者为债权人。

证券交易所是集中进行证券买卖的场所，它是伴随大规模证券交易的实际需要而最早出现于西方国家的。在证券交易所内，投资者完成一笔交易的完整过程大体可分为以下五个步骤：开户、委托、成交、清算交割和过户。

（四）金融衍生工具市场

金融衍生工具市场是金融衍生品买卖的场所。20 世纪 60、70 年代以来，金融市场波动剧烈，出于避险的需要，金融衍生工具开始发展起来。20 世纪 80 年代以来，随着技术进步以及金融管制的放松，金融衍生工具市场出现爆发式增长，它不仅为市场提供了避险工具，也通过大量的反复交易为市场提供了价格信息，同时为部分投资者提供了风险配置和获利机会。

（五）其他金融市场

其他的金融市场还包括外汇市场、黄金市场、投资基金市场等。其中外汇市场是进行外汇买卖的场所或交易网络，它是随着国际贸易、国际投资、国际旅游以及其它国际经济往来的产生与发展而产生并壮大的又一种重要的金融市场。黄金市场区别于其它金融市场的独特之处在于黄金交易具有二重性：一方面黄金可以作为一种商品来交易，因此黄金市场属于商品市场的范畴；另一方面黄金又可以作为世界货币来交易，这使得黄金市场具有国际金融市场的性质。经济与金融的全球化使黄金交易也逐渐全球化，市场上交易的品种日益增多，如纸黄金、黄金期货、黄金期权、掉期交易和提前销售等。而证券投资基金则是通过发行基金股份或受益凭证，将分散的小额资金集中起来，由专业的投资机构分散投资于股票、债券等金融资产的一种金融工具和投资制度。

二、学习目标

◆ 掌握金融市场的含义及构成要素、货币市场的子市场、股票的类别与价值、股票发行与流通市场的构成与交易方式、债券的种类、金融衍生工具、投资基金的定义与特征及汇率的概念、影响汇率的因素。

◆ 理解证券交易所的交易特征与程序，债券的价格与收益及金融衍生产品的特征。

◆ 了解金融市场的运作程序、货币市场的特点与作用，金融远期、金融期货、金融期权等衍生工具的市场运行，证券投资基金的市场运作，外汇的种类与市场交易程序，黄金市场的种类与构成。

三、习　　题

（一）填空题

1. 按照所交易金融资产的期限划分，金融市场可分为_____和_____。

2. 按照所交易金融资产的交割方式划分，金融市场可分为_____和_____。

3. 按照价格确定机制划分，金融市场可分为_____和_____。

4. 金融市场媒体可分为_____和_____。

5. 按照与标的资产间的关系划分，金融工具可分为_____和_____。

6. 根据组织形式划分，证券交易所可以实行_____，也可以实行_____。

7. 根据股东的权利不同，股票可以分为_____和_____。

8. 按利息的支付方式划分，债券可分为_____、_____

和_____。

9. 按买方的权利，可以将期权分为_____和_____。

10. 按照交易类型划分，伦敦和苏黎世黄金市场主要属于_____，而纽约和芝加哥黄金市场主要属于_____。

（二）单项选择题

1. 下列行为属于间接融资的是_____。

    A. 保险公司发行股票　　　　B. 投资银行发行债券

    C. 担保公司银行借款　　　　D. 政府发行公债

2. 基础性金融市场有货币市场、资本市场和_____。

    A. 期货市场　　B. 期权市场　　C. 货币互换　　D. 外汇市场

3. 衍生性金融市场有期货市场、期权市场、互换市场和_____。

    A. 外汇市场　　B. 资本市场　　C. 货币市场　　D. 远期市场

4. 金融工具的流动性与偿还期限_____。

    A. 成正比　　B. 成反比　　C. 成倒数关系　D. 不相关

5. 下列选项不属于债权债务凭证的是_____。

    A. 汇票　　　B. 债券　　　C. 股票　　　　D. 银行存单

6. 下列选项不属于货币市场的是_____。

    A. 银行同业拆借市场　　　　B. 贴现市场

    C. 短期债券市场　　　　　　D. 证券市场

7. 下列选项不属于直接金融工具的是_____。

    A. 可转让大额定期存单

    B. 公司债券　　C. 股票　　　D. 政府债券

8. 在出售证券时与购买者约定到期买回证券的方式称为_____。

    A. 证券发行　　B. 证券承销　　C. 期货交易　　D. 回购协议

9. 第一张大额可转让定期存单是由_____于 1961 年创造的。

    A. 交通银行　　B. 花旗银行　　C. 东京银行　　D. 巴黎国民银行

10. 下列关于国库券市场的说法错误的是_____。

    A. 国库券的流动性较好

    B. 国库券的交易量往往比较大

  C. 国库券通常是以贴现的方式发行

  D. 国库券的贴现率大于购买该工具所得到的年实际收益率

11. 银行间进行的票据转让行为称作_____。

  A. 贴现   B. 转贴现   C. 再贴现   D. 都不是

12. 银行在票据未到期时将票据买进的做法叫_____。

  A. 票据交换   B. 票据承兑   C. 票据结算   D. 票据贴现

13. 可以拿到银行办理贴现的票据是_____。

  A. 商业汇票   B. 银行本票   C. 转账支票   D. 企业发票

14. 一张差半年到期的面额为 2000 元的票据，到银行得到 1900 元的贴现金额，则年贴现率为_____。

  A. 5%   B. 10%   C. 2.56%   D. 5.12%

15. 某企业持有一张半年后到期的汇票，面额为 2000 元，到银行请求贴现，银行确定该票据的贴现率为年利率 5%，则企业获得的贴现金额为_____。

  A. 2000 元   B. 1950 元   C. 1900 元   D. 1850 元

16. 长期金融市场又称为_____。

  A. 初级市场   B. 货币市场   C. 资本市场   D. 次级市场

17. 下列选项属于资本市场的有_____。

  A. 同业拆借市场   B. 股票市场

  C. 票据市场   D. 大额可转让定期存单

18. 下列选项不属于初级市场活动内容的是_____。

  A. 发行股票   B. 发行债券   C. 转让股票   D. 增发股票

19. 可转换债券其实是一种普通股票的_____。

  A. 长期看涨期权   B. 长期看跌期权

  C. 短期看涨期权   D. 短期看跌期权

20. 根据股票发行公司未来收益确定的股票价值是_____。

  A. 票面价值   B. 账面价值   C. 内在价值   D. 清算价值

21. 下列选项属于优先股股东权利范围的是_____。

  A. 选举权   B. 被选举权   C. 收益权   D. 投票权

22. 公司在发行债券时，发行价格等于债券面额，这种发行是_____。

    A. 市价发行   B. 平价发行   C. 中间价发行 D. 溢价发行

23. 在证券交易所内进行的交易称为_____。

    A. 场内交易   B. 场外交易   C. 柜台交易   D. 第三市场交易

24. 对不同期限，但金额相等的同种外汇作两笔反方向的买卖的行为被称为_____。

    A. 套汇交易   B. 掉期交易   C. 即期交易   D. 远期交易

25. 基金单位总数不固定，可视投资者的需求追加发行，投资者可按基金的净值报价在基金管理人指定的营业场所申购或赎回的基金属于_____。

    A. 公司型基金 B. 契约型基金 C. 封闭式基金 D. 开放式基金

26. 下列有关金融期货说法不正确的是_____。

    A. 期货交易具有标准化的合同，每份合同的金额、到期日都是标准化的

    B. 期货合同的价格是在期货交易大厅由期货交易所以买价和卖价报出

    C. 期货合同真正进行实际交割资产的现象很少，大多都在到期日之前采取对冲交易方式

    D. 期货交易具有较高的杠杆率

27. 在到期日或到期日为止的期间内，买方拥有按事先约定的执行价格卖出一定数量金融资产的权利属于_____。

    A. 看涨期权   B. 看跌期权   C. 美式期权   D. 欧式期权

（三）多项选择题

1. 金融市场的构成要素有_____。

    A. 金融市场主体   B. 金融市场客体   C. 金融市场媒体

    D. 金融市场价格机制E. 金融市场交易时间

2. 按交易市场客体划分，金融市场包括_____。

    A. 货币市场   B. 资本市场   C. 外汇市场

    D. 黄金市场   E. 期货市场

3. 下列属于金融市场的资金需求者的有_____。

　　A. 个人及家庭　　　　B. 企业　　　　　　C. 政府

　　D. 金融机构　　　　　E. 中央银行

4. 下列属于货币市场的子市场的有_____。

　　A. 股票市场　　　　　B. 票据贴现市场　　C. 同业拆借市场

　　D. 回购协议市场　　　E. 黄金市场

5. 下列选项属于间接金融工具的有_____。

　　A. 国债券　　　　　　B. 支票　　　　　　C. 定期存单

　　D. 银行汇票　　　　　E. 保险单

6. 与相同期限的其他债券相比，国库券具有的特点有_____。

　　A. 风险低　　　　　　B. 流动性高

　　C. 利率可起基准利率作用

　　D. 可以代替现金使用

　　E. 属于金边债券

7. 下列属于资本市场的有_____。

　　A. 大额可转让存单　　B. 股票　　　　　　C. 同业拆借

　　D. 长期政府债券　　　E. 黄金市场

8. 与货币市场相比，资本市场的特征包括_____。

　　A. 流动性更强　　　　B. 交易期限较长的金融工具

　　C. 价格波动较大　　　D. 收益率较高

　　E. 安全性更好

9. 资本市场的作用包括_____。

　　A. 资本定价　　　　　B. 优化企业资产负债结构

　　C. 促进储蓄向资产转化

　　D. 促进资本流动　　　E. 传导信息，实现宏观调控

10. 下列经济行为中属于直接融资的有_____。

　　A. 公司之间的货币借贷

　　B. 国家发行公债　　　C. 商品赊销

　　D. 企业从银行贷款　　E. 个人从银行贷款

11. 有价证券的发行市场与流通市场之间的关系是_____。

A. 发行市场是基础，是前提

B. 流通市场是基础，是前提

C. 没有发行市场，就不会有流通市场

D. 流通市场是发行市场存在和发展的重要条件

E. 发行市场和流通市场相互矛盾

12. 普通股股东享有的权利主要有_____。

A. 公司重大决策的参与权

B. 选择管理者

C. 有优先剩余资产分配权

D. 优先配股权

E. 以上均是

13. 一个人持有股票就意味着_____。

A. 他成为股东

B. 他成为投资者

C. 他拥有该公司的一个确定部分

D. 他有权参与该公司的经营决策

E. 他有权参与该公司的利润分配

14. 按股票所代表的股东权利划分，股票可分为_____。

A. 记名股　　　　B. 优先股　　　　C. 不记名股

D. 新股　　　　　E. 普通股

15. 股票及其衍生工具交易的种类主要有_____。

A. 现货交易　　　B. 期货交易　　　C. 期权交易

D. 股票指数交易　E. 贴现交易

16. 下列体现证券投资基金特征的有_____。

A. 规模经营　　　B. 专家管理　　　C. 风险分散

D. 收益共享　　　E. 收益均等

17. 根据投资标的不同，基金的种类包括_____。

A. 国债基金　　　B. 货币市场基金　　C. 黄金基金

D. 对冲基金　　　E. 开放式基金

18. 金融期货的主要种类有_____。

A. 利率期货　　　　B. 外汇期货　　　　C. 股票价格指数期货

D. 石油期货　　　　E. 农产品期货

19. 根据金融期权买进和卖出的性质，金融期权分为_____。

A. 看涨期权　　　　B. 看跌期权　　　　C. 股票期权

D. 欧式期权　　　　E. 美式期权

20. 下列有关期权描述正确的有_____。

A. 期权卖方可能形成的收益或损失状况是收益有限大、损失无限大

B. 如果合约能够在到期日之前的任何交易日执行的期权交易方式，称为美式期权

C. 是否行使期权合约所赋予的权利，是期权购买者的选择

D. 在看涨期权中，当市场价格高于执行价格时，期权的购买者会行使权利

E. 在看跌期权中，当市场价格高于执行价格时，期权的购买者会行使权利

21. 我国《外汇管理暂行条例》规定的狭义外汇包括_____。

A. 外国货币　　　　B. 外币有价证券　　　C. 外币支付凭证

D. 其它外汇资金　　E. 以上均是

22. 纸黄金一般包括的类型有_____。

A. 黄金存单　　　　B. 累积账号　　　　C. 杠杆契约

D. 黄金股票　　　　E. 存托凭证

（四）判断题

1. 金融市场客体也就是金融交易的对象或交易的标的物，金融工具的种类和数量决定着金融市场的广度。（　　）

2. 商业保险不属于金融资产。（　　）

3. 银行同业拆借市场属于资本市场范畴。（　　）

4. 在国际货币市场上，纽约银行同业拆借率是最为典型、最具有代表性的同业拆借率。（　　）

5. 债券回购交易实质是一种以有价证券作为抵押品拆借资金的信

用行为。（　　）

6. 在开放式回购中，债券自受让日起即被冻结，债券受让方在协议有效期内无权自由支配债券。（　　）

7. 再贴现是指银行以贴现购得的没有到期的票据再次转让给其他商业银行的行为。（　　）

8. 在股份制公司的存续期间，投资者购买股票后可要求发行公司退股还资。（　　）

9. 企业破产清算，债权人优先于股东参与剩余资产的分配。（　　）

10. 在股份公司盈利分配和公司破产清算时，优先股股东优先于普通股股东。（　　）

11. 有价证券从发行者手中转移到投资者手中，这类交易属于二级市场交易。（　　）

12. 信用评级在 BBB（Baa）及以下的非金融类企业债券称为"垃圾债券"。（　　）

13. 附新股认购权债券是赋予债券购买者可以在特定时间按照一定条件将债券转换为发行人的普通股股票的债券。（　　）

14. 政府既可以发行债券融资，也可以发行股票融资。（　　）

15. 债券是低收益低风险，股票是高收益高风险。（　　）

16. 金融衍生工具是为规避风险而产生的金融创新，但是从现实看，金融衍生工具的产生只是放大了风险。（　　）

17. 公司制证券交易所是由银行、证券公司、投资信托机构及各类公营、私营公司共同出资组建起来的公司法人。目前，我国沪深交易所采用的是公司制形式。（　　）

18. 封闭式基金在二级市场的交易价格主要取决于基金净资产。（　　）

19. 金融期货交易，是以约定的价格在未来某一时间完成交易的方式。（　　）

20. 套期保值是金融期货的首要功能。（　　）

（五）名词解释

1. 金融市场

2. 金融衍生工具

3. 同业拆借

4. 证券投资基金

5. 开放式基金

6. 外汇汇率

7. 资本市场

8. 二级市场

9. 直接金融

10. 回购协议

（六）问答题

1. 如何理解金融市场的含义？

2. 货币市场主要包括哪些子市场？

3. 证券回购协议与证券抵押贷款有何不同？

4. 简述大额可转让定期存单与银行普通定期存单的区别。

5. 简述资本市场的作用。

6. 优先股与普通股有何不同？

7. 简述金融衍生工具的基本特征。

（七）计算题

1. 3月1日某公司持有一面值为1000万元的票据到银行申请贴现，已知银行报出的贴现利率为8%，票据到期的时间为9月1日，试计算该公司可贴现到的资金为多少（1年按360天计算）？

2. 某公司发行债券面额为1000元，期限为5年，票面利率为5%（单利计息），每年12月1日付息，现以950元发行价格向社会公开发行。

问：（1）投资者在认购债券后到期满时可获得的实际收益率是多少？

（2）若投资者在认购后持至第 3 年末以 995 元市价出售，求该持有者持有期的收益率。

3. 甲公司一年前发行了一种 3 年期的贴现债券，面值为 1000 元，发行价格是 800 元，现在的市场价格为 900 元（剩余期限为 2 年）。乙公司现在平价发行面额为 1000 元、期限为 2 年、年利率为 5%、到期一次性还本付息（按年计复利）的债券。

问：（1）甲公司贴现债券发行时的单利年收益率是多少？

（2）李某现在有 90000 元，是在二级市场购买甲公司债券，还是在一级市场购买乙公司债券获取的利息多？

4. 当前 1 年期零息债券的到期收益率为 7%，2 年期零息债券的到期收益率为 8%。财政部计划发行 2 年期附息债券，利息按年支付，息票率为 9%，债券面值为 100 元。

问：（1）该债券售价多少？

（2）该债券到期收益率多少？

（3）如果预期理论正确，1 年后该债券售价多少？

（八）论述题

1. 论述期货交易与远期合同交易的区别。

四、参考答案

（一）填空题

1. 短期金融市场或货币市场、长期金融市场或资本市场

2. 现货市场、期货市场

3. 公开市场、议价市场

4. 金融机构媒体、金融市场商人

5. 基础性金融工具、衍生性金融工具

6. 公司制、会员制

7. 普通股、优先股

8. 付息债券、一次性还本付息债券、贴现债券

9. 看涨期权、看跌期权

10. 现货市场、期货市场

（二）单项选择题

1-5 C D D B C 6-10 D A D B D

11-15 B D A B B 16-20 C B C A C

21-25 C B A B D 26-27 B B

（三）多项选择题

1. ABCD 2. ABCD 3. ABCD 4. BCD 5. BCDE

6. ABCE 7. BD 8. BCD 9. ABCDE 10. ABC

11. ACD 12. ABD 13. ABDE 14. BE 15. ABCD

16. ABCD 17. ABCD 18. ABC 19. AB 20. ABCD

21. ABCDE 22. ABCD

（四）判断题

1. √ 2. × 3. × 4. × 5. √ 6. × 7. × 8. × 9. √ 10. √

11. × 12. × 13. × 14. × 15. √ 16. × 17. × 18. × 19. √

20. √

（五）名词解释

1. 金融市场：是以金融资产为交易对象而形成的供求关系及其机制的总和，其核心是通过价格机制实现金融资产的优化配置。

2. 金融衍生工具：是通过预测汇率、利率或者股价等的未来市场行情变动趋势，采用支付少量保证金的方式签订各种远期合约或互换不同金融产品等交易手法设计出来的新兴金融工具。

3. 同业拆借：是金融机构之间以货币借贷方式相互融通短期资金的一种行为。

4. 证券投资基金：是通过发行基金股份或受益凭证，将分散的小额资金集中起来，由专业的投资机构分散投资于股票、债券等金融资产的一种金融工具和投资制度。

5. 开放式基金：是指基金单位总数不固定，可视投资者的需求追加发行，投资者可按基金的净值报价在基金管理人指定的营业场所申购或赎回的基金。

6. 外汇汇率：简称为汇率，又称为外汇汇价，是不同货币之间进行兑换的比率或比价。换而言之，汇率也就是以一种货币来表示另一种货币时的价格。

7. 资本市场：也被称作长期金融市场，是进行期限在 1 年以上的资金融通的市场，它的主要作用是满足中长期的投资需求和政府弥补长期财政赤字的资金需要。

8. 二级市场：是投资者买卖已经发行的各种证券时所形成的市场，故又被称作流通市场或次级市场。

9. 直接金融：是一种资金需求者通过在证券市场上发行股票或债券，使资金直接从资金供给者流向资金需求者的融资方式。

10. 回购协议：是指债券持有人（正回购方）将债券卖给债券购买方（逆回购方）的同时，交易双方约定在未来某一日期，正回购方再以约定价格从逆回购方买回相等数量同种债券的交易行为。

（六）问答题

1. 答案要点：金融市场就是以金融资产为交易对象而形成的供求关系及其机制的总和，其核心是通过价格机制实现金融资产的优化配置。因此，金融市场包含三层含义：（1）金融市场是进行金融资产交易的市场，而交易既可以在具有固定场地、设施的场所进行（即有形市场），又可以借助诸如互联网、电话、电报等现代信息载体进行（即无形市场）；（2）金融市场像其他市场一样，有金融资产的需求者和供给者，两者的关系构成金融资产的供求关系；（3）金融市场包含了金融资产交易过程中所产生的各种相关机制，其中最主要的是价格机制。

2. 答案要点：货币市场的子市场主要包括如下四个重要市场：

（1）银行间拆借市场，即金融机构之间为调剂临时性的头寸以及满足流动性需要而进行的短期资金信用借贷市场；（2）票据贴现市场，是指票据签发和转让的市场；（3）大额可转让定期存单市场，简称为 CD_S，是商业银行发行的具有固定面额，并可在市场上流通转让的存款凭证，大额可转让定期存单市场是大额可转让定期存单发行和买卖的场所；（4）回购协议市场，是商业银行、非银行金融机构、企业、政府以及央行等，在资金短缺时，通过回购协议借入资金，弥补资金的不足，在资金盈余时，通过逆回购协议贷出资金，获取盈利的市场；（5）国库券市场，是国库券发行和流通的市场。

3. 答案要点：证券回购协议指正回购方即资金的借入方，在将证券出售给逆回购方即资金贷出方的同时，双方约定在将来某一日期由正回购方购回证券，逆回购方必须向正回购方返还原证券，回购价按照约定的回购利率计算的融资行为。实质上是交易双方进行以证券为权利质押的一种短期资金融通。证券抵押贷款是以借款人持有的各种有价证券如汇票、本票、股票、债券、支票和存单等作为质物向银行申请的贷款，属于担保贷款中质押贷款的一种。

证券回购协议和证券抵押贷款的融资期限、资金融通当事人、融资根本目的、融资标的均有很大的差别。（1）虽然证券回购协议的回购交易最长为 365 天，但绝大多数集中在 30 天之内，而证券抵押贷款的融资期限一般都在 30 天以上。（2）证券回购协议当事人主要是金融机构，是商业银行、非银行金融机构为解决短期资金需要而进行的资金融通。而证券抵押贷款则是证券持有人为解决各种各样的资金需求而向商业银行申请的以证券质押为担保的资金融通行为。（3）证券回购协议主要是商业银行、非银行金融机构为解决短期头寸不足进行的资金融通，而证券抵押贷款的借款人的借入资金在使用上根据借款个体的不同而有多种用途。（4）证券回购协议的融资标的主要是债券等金融资产，流动性高、风险低，而证券抵押贷款的融资标的可以是各种有价证券如股票、债券、汇票、本票、支票和存单等。

4. 答案要点：二者的区别表现在：（1）流动性不同。普通定期存款的存单往往是记名的，不能转让，更不能在二级市场上流通；而大额可转让定期存单则是不记名、可以流通转让。这是二者区别的根本所在。（2）金额不同。定期存款金额不固定，可大可小；而大额可转让定期存单金额较大。在美国最少为 10 万美元，二级市场上的交易单位为 100 万美元。在香港最少面额为 10 万港元。（3）利率方式不同。定期存款利率固定；大额可转让定期存单利率既有固定的，也有浮动的，且一般来说比同期限的定期存款利率高。（4）本金偿付时间不同。定期存款只需损失一部分利息收入就可以提前支取；而大额可转让定期存单不能提前支取，但可在二级市场流通转让。（5）期限不同。普通定期存款以长期为主，一般在 1 年以上；而大额可转让定期存单则一般为短期。以美国为例，大额可转让定期存单的最短期限可以为 7 天，最长则为 18 个月，最常见的则是 3—6 个月。

5. 答案要点：资本市场的作用可从两个层次上进行分析。（1）从微观层次上看，资本市场主要有两大作用：一是资本定价；二是优化企业资产负债结构。资本定价是指通过交易双方在资本市场上的互动而决定股票或债券的交易价格。由于资金供给者和资金需求者都是在进行成本收益权衡的基础上做出买卖证券决策的，因此，证券成交价格必然包含着社会方方面面的信息，正是这种社会评价，使得资本价值得以充分显示和确认。优化企业资产负债结构有两层含义：一是指资本市场为企业优化资产负债结构提供了激励机制，如股票市场价值就发挥着监督与激励经理努力工作的作用；二是指资本市场为企业优化资产负债结构提供了高效率的市场机制，企业充分利用股权性工具和债务性工具实现对资产负债结构、资产的流动性结构以及资本结构进行调整，以实现其多方面的目的。（2）从宏观层次上看，资本市场的作用有三：一是促进储蓄向投资转化，积累物质资本；二是促进资本流动，优化资源配置；三是传导信息，实现宏观调控。

6. 答案要点：普通股指股息随公司利润的大小而增减的股票；而优先股是相对于普通股而言的"优先"，是公司在筹集资本时，给予认购人某种优惠条件的股票。二者的不同主要表现在权利不同上：（1）普通股股东享有盈余分配权，并且随公司盈利状况变化而变化；而优先股优先于普通股获得股息，股息一般是固定的。（2）在资产分配权上，优先股股东相对于普通股股东优先获得资产分配权。（3）公司管理的参与权，一般普通股股东可以通过股东大会等形式参与公司治理（有限治理），而优先股股东一般没有股东大会投票权。（4）在公司发行新股时，普通股权股东有优先购买权。

7. 答案要点：金融衍生工具的基本特征有：（1）杠杆比例高。金融衍生工具大多采用财务杠杆方式交易，一般只需要百分之几的保证金就可以进行大额的金融衍生品交易。（2）设计与构造灵活。可以通过对基础金融工具及衍生金融产品进行多种组合，根据参与者的需要设计出各种各样的金融衍生产品，这个方面反映出金融衍生工具设计的灵活性。（3）定价复杂。金融衍生工具由基础金融工具未来价值衍生而来，其价值主要受基础金融工具价值变动的影响。但是由于金融衍生工具设计过程比较复杂，加上金融工具未来价值也很难准确预测，因此衍生金融工具定价也比较复杂，大部分需要运用复杂的数学模型。（4）规避风险与放大风险并存。创造金融衍生工具的初衷是为了规避风险，通过金融技术将产品进行分解与组合，达到收益与风险的均衡。但是，金融衍生工具的高杠杆特征很容易放大它的风险。（5）全球化程度高。随着信息技术的发展，金融衍生市场的参与者可以迅速、低成本地进入任何一个市场进行交易，同时全球几大交易所开市与闭市时间可以首尾相连，实现 24 小时不间断交易，既提高了市场效率，又使得各个市场之间的相互影响程度大大提高。

（七）计算题

1. 如果以 i 代表贴现率，T 代表距离到期日的剩余天数，D 代表基础天数，F 代表票据到期值，R 代表贴现利息，P 代表贴现票据所能得到的实际资金额，则可得：

$$R = F \times i \times \frac{T}{D}$$

即：$P = F - R$

或：$P = F \times (1 - i \times \frac{T}{D}) = 1000 \times (1 - 8\% \times \frac{180}{360}) = 960（万元）$

2. （1）投资者认购债券后到期满时可获得的实际收益率如下（ R 表示收益率）：

$$R = \frac{1000 \times 5\% + \dfrac{1000 - 950}{5}}{950} \approx 6.32\%$$

（2）当投资者第三年年末出售该债券时，其持有者持有期的收益率如下（ R 表示收益率）：

$$R = \frac{1000 \times 5\% + \dfrac{995 - 950}{3}}{950} \approx 6.84\%$$

3. （1）收益率＝[（1000－800）/800]×1/3≈8.33%

（2）购买甲公司债券的利息＝（90000/900）×（1000－900）

$$= 10000 （元）$$

购买乙公司债券的利息＝（90000/1000）×1000[（1+5%)^2－1]

$$= 9225 （元）$$

所以，购买甲公司债券的利息多。

4. （1）当前售价：

债券的价格应该用到期收益率对收益进行贴现

$$P = \frac{100 \times 9\%}{1 + 7\%} + \frac{100 + 100 \times 9\%}{(1 + 8\%)^2} \approx 101.86(元)$$

（2）令到期收益率为 y ，则：

$$P = \frac{100 \times 9\%}{1 + y} + \frac{100 + 100 \times 9\%}{(1 + y)^2}$$

解方程得： $y \approx 7.96\%$ 。

（3）预期理论正确的话，令第二年的一年期远期利率为 r ，则有：

$$(1 + 7\%)(1 + r) = (1 + 8\%)^2$$

解上述方程得： $r \approx 9.01\%$ ；一年后售价 $P1 = \dfrac{100 + 100 \times 9\%}{1 + 9.01\%} \approx$

99.99(元)。

所以预期理论正确的话，一年后售价为 99.99 元。

（八）论述题

1. 答案要点：期货交易与远期合同交易的相似之处是两者均为买卖双方约定于未来一定时期或某特定期间内按约定的价格买入或卖出一定数量商品的契约。但两者又有很大的差异，主要表现如下：

（1）期货交易是标准化的契约交易，交易数量和交割时期都是标准化的，没有零星的交易，而远期合同交易的数量和交割时期是交易双方自行决定。

（2）期货交易是在交易所内公开进行的，便于了解时常行情的变化；而远期合同交易则没有公开而集中的交易市场，价格信息不容易获得。

（3）期货交易有特定的保证金制度，保证金既是期货交易履约的财力保证，又是期货交易所控制期货交易风险的重要手段。而远期合同交易则由交双方自行商定是否收取保证金。

（4）期货交易由交易所结算或结算所结算，交易双方只有价格风险，而无信用风险；而远期合同则同时具有价格风险和信用风险。

（5）期货交易注重价格风险转移，远期交易注重商品所有权转移。

（6）期货交易的合约，在商品交割期到来之前的规定时间内可以多次转手，允许交易双方在商品交割前通过反向买卖解除原合约的义务和责任，使买卖双方均能通过期货市场回避价格风险，而远期交易的合约在未到期之前很难直接转手，无论生产或经营发生什么变化，到期合约必须按规定进行实际商品交割。

第五章 金融机构

一、内容摘要

金融机构又称作金融中介或金融中介机构，是专门从事货币信用活动的经济组织。本章介绍金融系统中最基本的金融机构。

（一）金融机构的产生与分类

1. 金融机构的产生

金融机构产生的根本原因是商品经济和货币发展，而节约交易成本是金融机构产生的直接原因。

2. 金融机构的分类

金融机构一般分为银行和非银行金融机构。银行金融机构主要包括中央银行、商业银行、专业银行；非银行金融机构是除银行以外的一切金融机构，主要有保险公司、证券机构、投资基金、信托公司、金融租赁公司、资产管理公司、信用合作社、财务公司、养老基金等。金融机构还可根据其他标准分为存款性金融机构和非存款性金融机构、直接金融机构和间接金融机构等不同类型。

各种金融机构的有机结合就是金融机构体系，它是一个包括经营和管理金融业务的各类金融机构组成的整体系统。在现代经济中，一国的金融机构体系大多数是以中央银行为核心、商业银行为主体、非银行金融机构为补充的有机整体。

（二）银行金融机构

1. 中央银行

中央银行是一国金融机构体系的核心和主导环节，是专门从事货币发行，负责制定和执行国家货币金融政策，调节货币供给、货币流通与信用活动，实行金融监管的特殊金融机构。中国人民银行是我国的中央银行。

2. 商业银行

商业银行是最早出现的金融机构，也是存款性金融机构的典型形式。商业银行是金融机构体系的骨干和中坚，在银行体系乃至金融机构体系中占据其他金融机构所不能替代的基础和主体地位。

3. 专业银行

根据专业银行的设立原则与经营目标不同，可分为经营性专业银行和政策性专业银行。政策性专业银行一般是指由政府设立、不以盈利为目标，而以贯彻国家产业政策或区域发展政策为目标的银行，主要有：开发性银行、农业性银行、进出口银行、中小企业信贷银行、住宅信贷银行等。

（三）非银行金融机构

非银行金融机构是指不以吸收存款为主要负债，而以某种特殊方式吸收资金并运用资金，能够提供特色金融服务的金融机构。银行以外的金融机构统称为非银行金融机构。

非银行金融机构的种类较多，主要有保险公司、证券机构、投资基金、信托公司、金融租赁公司、资产管理公司、信用合作社、财务公司、养老基金等。

1. 保险公司

保险公司是经营保险业务的金融机构。保险公司主要依靠投保人缴纳保险费和发行人寿保险单方式聚集资金，资金运用分为两部分，一部分用于对发生意外灾害和事故的投保人予以经济赔偿以及业务支出，另一部分用于投资证券、发放不动产抵押贷款和保单贷款等，一般投向风险相对较低的政府债券、企业债券和股票。

2. 信托公司

信托公司主要经营资金和财产委托、代理资产保管、金融租赁、经济咨询、证券发行、投资等业务。信托投资的资金来源主要是自有资金、信托存款和证券发行基金。

3. 信用合作社

信用合作社是一种互助合作性质的金融机构，一般由个人集资联合组成，并办理放款业务。

4. 证券机构

证券机构是从事证券业务的机构，包括证券公司、证券交易所、证券登记结算公司、证券投资咨询和评估公司等。

5. 财务公司

财务公司即金融公司，指以加强企业集团资金集中管理和提高企业集团资金使用效率为目的，为企业集团成员单位提供财务管理服务的非银行金融机构。

6. 租赁公司

租赁公司是经营融资租赁业务的金融机构，它通过融物的形式发挥融资的作用，实现了融资与融物的有效结合。按照国际通行的划分方法，租赁公司所经营的租赁业务可划分为融资租赁、经营租赁和综合租赁三大类。

7. 投资基金

投资基金是指通过发行基金股票或基金受益凭证将众多投资者的资金集中起来，直接或委托他人将集中起来的资金投资于各类有价证券或其他金融商品，并将投资收益按原始投资者的基金股份或基金受益凭证的份额进行分配的一种金融中介机构，是一种广泛吸收社会资金并将其投资于有价证券和股权的专业金融机构。

根据投资基金的成立依据与运作原理，投资基金可分为契约型基金和公司型基金。根据交易方式的不同，投资基金可划分为开放型基金和封闭型基金。

8. 资产管理公司

资产管理公司是一种专门经营银行不良资产的金融机构。1999年3月至10月，我国先后组建了信达、华融、长城、东方四家国有金融资产管理公司。

9. 养老基金

养老基金是一种向加入基金计划的人们提供养老金的金融机构。养老基金以社会养老保险基金、企业年金基金、人寿保险基金为主体。

二、学习目标

◆ 掌握银行性金融机构与非银行性金融机构的主要类型及其功能、业务范围，我国金融机构体系的基本框架及发展现状。

◆ 理解金融体系的内涵与分类。

三、习　题

（一）填空题

1. 根据金融机构创造货币、创造交易媒介和支付手段的能力的不同，金融机构一般分为_____机构和_____机构。根据金融市场上的融资活动特点，金融机构可分为_____机构和_____机构。

2. 在现代经济中，一国的金融机构体系大多数是以_____为核心、_____为主体、各种_____为补充的有机整体。

3. _____是我国的中央银行，它成立于_____年，从_____年开始专门行使中央银行职能。

4. _____是最早出现的金融机构，也是存款性金融机构的典型形式。

5. 我国大型商业银行包括_____、_____、_____、

_____、_____和_____。

6. 我国于_____年成立了三家政策性银行，它们是_____、_____和_____。

7. _____是指不以吸收存款为主要负债，而以某种特殊方式吸收资金并运用资金，能够提供特色金融服务的金融机构。

8. 信用合作社是一种_____性质的金融机构，1995 年以后，我国不少城市信用合作社整合为_____。

9. 证券机构主要包括_____、_____、证券登记结算公司、证券投资咨询和评估公司等。

10. 根据投资基金的成立依据与运作原理，投资基金可分为_____基金和_____基金两种。根据交易方式的不同，投资基金可划分为_____基金和_____基金。

（二）单项选择题

1. 金融机构为适应经济发展需求而最早产生的功能是_____。

    A. 融通资金　　　　　　　　B. 支付结算服务

    C. 降低交易成本　　　　　　D. 风险转移与管理

2. 下列选项不属于存款型金融机构的是_____。

    A. 商业银行　　B. 储蓄银行　　C. 信用社　　D. 投资基金

3. 下列选项不属于银行金融机构的是_____。

    A. 商业银行　　B. 储蓄银行　　C. 政策性银行　　D. 投资银行

4. 我国的中央银行是_____。

    A. 中国人民银行　　　　　　B. 中国农业银行

    C. 中国银行　　　　　　　　D. 中国建设银行

5. 在一个国家或地区的金融监管组织机构中居于核心位置的机构是_____。

    A. 社会性公律组织　　　　　B. 行业协会

    C. 中央银行或金融管理局　　D. 分业设立的监管机构

6. 现代各国商业性金融机构，尤其是银行业，主要是按照_____形式建立的。

A. 合作制　　　B. 国有制　　　C. 私人所有制　D. 股份制

7. 在 19 世纪末期，我国第一家由民族资本创办的现代商业银行是_____。

    A. 西北农业银行　　　　　　B. 英国丽如银行

    C. 中央银行　　　　　　　　D. 中国通商银行

8. 下列选项属于城市商业银行的是_____。

    A. 浦东发展银行　　　　　　B. 浙商银行

    C. 上海银行　　　　　　　　D. 渤海银行

9. 一般由政府设立、不以盈利为目标，而以贯彻国家产业政策或区域发展政策为目标的银行是_____。

    A. 政策性银行　B. 投资银行　　C. 商业银行　　D. 信托投资公司

10. 开发银行多属于一个国家的政策性银行，其宗旨是通过融通长期性资金以促进本国经济建设和发展，这种银行在业务经营上的特点是_____。

    A. 不以盈利为经营目标　　　B. 以盈利为经营目标

    C. 为投资者获取利润　　　　D. 为国家创造财政收入

11. 专门从事各种有价证券经营及相关业务的金融机构是_____。

    A. 证券交易所　　　　　　　B. 证券公司

    C. 证券登记结算公司　　　　D. 证券投资咨询和评估公司

12. 投资银行是专门对_____办理投资和长期信贷业务的银行

    A. 政府部门　　B. 工商企业　　C. 证券公司　　D. 信托租赁公司

13. 规模不固定的，投资者可以随时购买、随时赎回的基金是_____。

    A. 契约型基金　B. 公司型基金　C. 开放型基金　D. 封闭型基金

14. 1999 年，我国组建信达、华融等四家_____。

    A. 国有商业银行　　　　　　B. 政策性银行

    C. 资产管理公司　　　　　　D. 投资基金

15. 1999 年 4 月 20 日，我国成立的首家经营商业银行不良资产的资产管理公司是_____。

A. 华融　　　　B. 长城　　　　C. 东方　　　　D. 信达

16. 目前，租赁公司的业务一般以_____为主。

A. 融资租赁　　B. 经营租赁　　C. 综合租赁　　D. 转租赁

17. 养老基金一般投资于_____和公司股票、债券等。

A. 企业债券　　B. 共同基金　　C. 保单　　　　D. 政府债券

18. 由大型企业集团内部成员单位出资组建并为各成员单位提供金融服务的非银行金融机构是_____。

A. 财务公司　　　　　　　　B. 投资公司

C. 资产管理公司　　　　　　D. 基金公司

19. 在我国，按照对分业监管体制的划分，投资类金融中介机构一般是由_____。

A. 中国银行保险监督管理委员会负责监管

B. 中国证券监督管理委员会负责监管

C. 国家金融监督管理总局监管

D. 中国人民银行负责监管

（三）多项选择题

1. 金融机构产生的根本原因有_____。

A. 商品经济发展　　B. 节约交易成本　　C. 货币发展

D. 获得经济利益　　E. 以上均是

2. 金融机构的功能可以基本描述为_____。

A. 提供支付结算服务

B. 提供政策性信贷

C. 降低交易成本并提供金融服务便利

D. 改善信息不对称

E. 风险转移和管理

3. 银行金融机构和非银行金融机构的差别主要体现在_____。

A. 资本金的差异

B. 吸收资金的方式不同

C. 业务种类不同

D. 业务经营中所处的地位不同

E. 客户不同

4. 下列选项属于专业银行的有_____。

A. 中小企业信贷银行

B. 住宅信贷银行　　C. 进出口银行

D. 农业性银行　　　E. 投资公司

5. 下列选项属于非银行金融机构的有_____。

A. 保险公司　　　　B. 信托公司　　　　C. 证券公司

D. 信用合作社　　　E. 商业银行

6. 投资银行的业务包括_____。

A. 证券承销　　　　B. 证券交易　　　　C. 项目融资

D. 企业兼并与收购管理

E. 吸收公众存款

7. 投资基金有许多种类型，按其组织形态不同可分为_____。

A. 开放型　　　　　B. 公司型　　　　　C. 封闭型

D. 契约型　　　　　E. 成长型

8. 投资基金有许多种类型，按其交易方式不同可分为_____。

A. 开放型　　　　　B. 公司型　　　　　C. 封闭型

D. 契约型　　　　　E. 成长型

9. 信托资金来源主要有_____。

A. 自有资金　　　　B. 捐赠　　　　　　C. 信托存款

D. 证券发行基金　　E. 银行存款

10. 金融中介机构发展趋势的特点主要表现为_____。

A. 全能型　　　　　B. 分工型　　　　　C. 不断创新

D. 跨国型　　　　　E. 国有化

（四）判断题

1. 中央银行与政策性银行是不以盈利为目的的金融组织。（　　）

2. 政策性银行的资金来源主要是吸收存款。（　　）

3. 在现代市场经济中，商业银行在各种金融机构中活动范围最广，

资本最雄厚，数量最多，对经济的影响最深刻，是中央银行实施宏观调控的主要传导机构。（　　）

4. 信用合作社吸收社员存款，是银行金融机构。（　　）

5. 专业银行是社会分工发展在金融业的具体体现。（　　）

6. 在中国境内的外资银行一律不准经营人民币业务。（　　）

7. 投资银行是最早出现的金融机构。（　　）

8. 投资银行可以执行本国政府对外援助。（　　）

9. 投资银行一般接受活期存款和储蓄存款。（　　）

10. 保险业的大量保费收入用于实业投资。（　　）

11. 当前租赁公司的业务以经营租赁为主。（　　）

12. 契约型基金本身并不是一个法人。（　　）

13. 开放型基金的发行总额是固定的。（　　）

14. 我国的财务公司行政上隶属于中国人民银行。（　　）

15. 融资租赁是当企业需要更新技术设备而缺乏资金时，由出租人购进或租进所需设备，然后再出租给承租人使用的租赁方式。（　　）

（五）名词解释

1. 金融机构

2. 证券公司

3. 政策性银行

4. 非银行金融机构

5. 投资基金

6. 资产管理公司

（六）问答题

1. 根据不同的分类方法，金融机构可分为哪些类型？

2. 我国证券公司的主要业务有哪些？

3. 什么是契约型基金？什么是开放型基金？

4. 非银行金融机构包括哪些？（列举六种）

（七）论述题

1. 论述发展中国家金融机构体系的特点。

四、参考答案

（一）填空题

1. 银行金融、非银行金融、直接金融、间接金融

2. 中央银行、商业银行、非银行金融机构

3. 中国人民银行、1948、1984

4. 商业银行

5. 中国工商银行、中国农业银行、中国银行、中国建设银行、交通银行、邮政储蓄银行

6. 1994、国家开发银行、中国农业发展银行、中国进出口银行

7. 非银行金融机构

8. 互助、城市商业银行

9. 证券公司、证券交易所

10. 契约型、公司型、开放型、封闭型

（二）单项选择题

1-5 B D D A C 6-10 D D C A A

11-15 B B C C D 16-19 A D A B

（三）多项选择题

1. AC 2. ACDE 3. BCD 4. ABCD 5. ABCD

6. ABCD 7. BD 8. AC 9. ACD 10. ACD

（四）判断题

1. √   2. ×   3. √   4. ×   5. √   6. ×   7. ×   8. ×   9. ×   10. ×
11. ×   12. √   13. ×   14. ×   15. √

（五）名词解释

1. 金融机构：金融机构又称为金融中介或金融中介机构，是专门从事货币信用活动的经济组织。可分为银行金融机构和非银行金融机构。

2. 证券公司：又称投资银行，最典型的投资性金融机构。指在资本市场上为企业发行债券、股票，筹集长期资金提供中介服务的金融机构，主要从事证券承销、公司并购与资产重组、公司理财、基金管理等业务。

3. 政策性银行：指由政府创立或担保、以贯彻国家产业政策和区域发展政策为目的、具有特殊的融资原则、不以盈利为目标的金融机构。

4. 非银行金融机构：非银行金融机构是指不以吸收存款为主要负债，而以某种特殊方式吸收资金并运用资金，能够提供特色金融服务的金融机构。如保险公司、证券机构、财务公司、投资基金等。

5. 投资基金：指通过发行基金股票或基金受益凭证将众多投资者的资金集中起来，直接或委托他人将集中起来的资金投资于各类有价证券或其他金融商品，并将投资收益按原始投资者的基金股份或基金受益凭证的份额进行分配的一种非银行金融机构。

6. 资产管理公司：一种专门经营银行不良资产的非银行金融机构。

（六）问答题

1. 答案要点：根据金融机构创造货币、创造交易媒介和支付手段的能力的不同，金融机构可分为银行金融机构和非银行金融机构。

根据金融市场上的融资活动特点，金融机构可分为直接金融机构和间接金融机构。

根据资金来源的不同，金融机构可分为存款性金融机构和非存款性金融机构。

另外，根据各种金融机构在金融体系中的地位、作用及业务性质，金融机构可分为中央银行、商业银行、专业银行和其他金融机构。根据人员数量、资本和营业额规模，金融机构可分为大、中、小型金融机构。

2. 答案要点：我国证券公司的主要业务有：承销有价证券、代理证券发行业务、自营买卖业务、参与企业并购、充当企业财务顾问。

3. 答案要点：投资基金根据其组织形式的不同，可分为契约型基金和公司型基金。契约型基金是由委托人、受托人和受益人三方订立信托契约，并以此为依据组成投资基金并加以管理。

根据交易方式的不同，投资基金可划分为开放型基金和封闭型基金。开放型基金的规模是不固定的，它是可以随时根据市场供求情况发行新份额、投资者也可以随时赎回的投资基金。

4. 答案要点：保险公司、证券公司、财务公司、投资基金、资产管理公司、养老基金等。

（七）论述题

1. 答案要点：经济发展水平决定金融发展状况，由于发展中国家各自的经济发展水平处于不同阶段，所以他们的金融体系也存在区别，但是从绝大多数发展中国家看，还是呈现许多共同特点，主要表现在：

（1）绝大多数发展中国家既有现代型的金融机构，也有传统的非现代型金融机构，前者大都集中在大城市，后者普遍存在于市镇、农村地区。

（2）现代型金融机构体系普遍沿袭了中央银行模式，金融机构结构一般较为单一，在许多发展中国家多数现代型金融机构为国营的或有国家资本参与的。

（3）多数发展中国家为了支持经济较快的发展，普遍对利率和汇率实行管制和干预；对于金融机构，政府则经常通过行政指挥手段来操作他们的业务活动，在取得一定成绩的同时，往往又带来金融机构体系效率低下的负效应。

第六章　商业银行

一、内容摘要

在各国金融体系中，商业银行是历史最悠久、服务最全面、影响最广泛的金融机构。本章阐述商业银行的产生与发展、性质和职能、组织形式、业务及经营管理等内容。

（一）商业银行概述

商业银行是以经营存款和对工商业发放贷款为主要业务，以盈利为主要经营目标的一种金融机构。

1. 商业银行的产生与发展

现代商业银行的前身可追溯到古代的货币兑换业。现代商业银行是通过两条途径建立起来的：一条是高利贷性质的银行逐渐转变为资本主义商业银行；另一条则是按照资本主义经济的要求组织股份制商业银行。1694 年，世界上第一家由私人创办的股份银行——英格兰银行诞生。

现代商业银行具有三个特点：一是利息水平适当。二是信用功能和业务范围扩大。三是具有信用创造功能。

2. 商业银行的性质和职能

商业银行的性质具有两重性：一方面，商业银行的经营目标是为了追求利润，且必须依法经营、独立核算、照章纳税，另一方面，商业银行所经营的是一种特殊商品——货币，且货币商品的让渡和补偿总有时差的存在，而信用则是维系这种交易的纽带。

商业银行的职能是其本质的延续，是其本质所固有的功能。主要有：信用中介、支付中介、信用创造、政策传导和金融服务等职能。

3. 商业银行的外部组织形式与类型

商业银行的外部组织形式主要有：单一银行制、分支行制、银行控股公司制、连锁银行制、代理银行制、银行家银行和网上银行。

（二）商业银行的业务

按照能否在资产负债表上反映出来，商业银行的业务可分为表内业务和表外业务。

1. 表内业务

表内业务属于信用业务，是银行组织资金并加以运用的业务，主要包括资产业务和负债业务两种。

（1）负债业务，是指形成商业银行资金来源的业务。商业银行资产的绝大部分是靠负债来支撑的。商业银行的负债主要由存款和非存款性负债组成。

存款业务是商业银行最基本的传统负债业务。按传统分类法，商业银行的存款可分为活期存款、定期存款和储蓄存款三大类。

非存款性负债是指当商业银行出现了头寸不足或资金短缺，而又不能及时获得存款时，通过借款或发行金融债券等方式来补足这一资金缺口。

商业银行为了正常地开展各项业务活动，还需要一定的自有资本，即资本金。商业银行的资本分为两级：一级资本又称核心资本，包括普通股及其溢价、公开储备、永久性非累积优先股以及未分配利润；二级资本又称附属资本，包括未公开储备、重估储备、普通准备金、有偿还期限的累积性优先股、带有债务性质的资本工具、后期偿付的长期债券等。

（2）资产业务，是指商业银行将通过负债业务所积聚的资金加以运用的业务，是商业银行获得收益的主要途径。商业银行除了必须保留一定的在中央银行的存款以及一部分现金以备提现外，其余部分主要以贷款、投资、贴现等方式加以运用。

现金资产是商业银行资产中最具有流动性的部分。由于现金基本上不能给银行带来收益，故商业银行都尽可能把现金资产量降低到最低水平。现金资产一般包括库存现金、在中央银行存款、同业存款以及托收中现金。

贷款是银行将其所吸收的资金，按一定的利率贷放给客户并约期归还的业务。贷款是银行最主要、也是收益最大的经济活动。按贷款是否有担保划分，可分为信用贷款、担保贷款和抵押贷款；按贷款的用途划分，可分为工商业贷款和消费者贷款；按贷款的质量分类，可分为正常、关注、次级、可疑及损失类贷款

投资业务是指商业银行以其资金购买有价证券或投资于其他实物资本的活动。商业银行投资活动的主要目的是增强资产的流动性和增加银行的收益。

票据贴现就是票据持有人在需要资金时，将其持有的未到期票据转让给银行，银行扣除利息后将余款支付给持票人的票据行为。票据贴现可分为贴现、转贴现和再贴现。

2. 表外业务

表外业务是指没有反映在商业银行资产负债表中，但会影响商业银行的营业收入和利润的业务。表外业务有广义和狭义之分。其中，广义的表外业务包括中间业务和狭义的表外业务。

中间业务是指银行利用自己的便利而不动用自己的资产为顾客办理的业务。中间业务种类繁多，主要包括结算类业务、代理类业务、银行卡类业务、咨询顾问类业务等。

狭义表外业务主要包括担保类业务、承诺类业务和金融衍生类业务。

（三）商业银行的经营管理及发展趋势

1. 商业银行的经营原则

商业银行的经营原则有：安全性、流动性和盈利性。

安全性原则是指商业银行在业务活动中应尽量避免各种不确定因素的影响，保证资金安全和稳健经营。流动性原则是指商业银行应能够随时满足客户提现和借款人的正常贷款要求。盈利性原则是指商业银行尽可能地追求盈利最大化。

三原则既有统一的一面，也有矛盾的一面。一般来讲，安全性与流动性是正相关的，流动性强的资产，风险较小，安全有保障，但它们与盈利性往往有矛盾，即流动性强，安全性好，盈利性却较低，而盈利性较高的资产，往往流动性较差，风险较大。

2. 商业银行资产负债管理理论的发展

在商业银行发展历史进程中，西方商业银行经营管理理论经历了资产管理、负债管理、资产负债综合管理以及资产负债外管理理论四个阶段。

资产管理理论盛行于20世纪60年代以前。在这一时期，商业银行的资金来源以活期存款为主，资金供给相对充裕，资金来源的水平和结构被认为是独立于银行决策之外。在这种环境下，商业银行管理的中心是维护流动性，在满足流动性的前提下追求盈利性，因而将资金配置的重心放在银行资产负债表的资产方，其代表性的理论是：商业性贷款理论、资产转换理论、预期收入理论。

负债管理理论出现在20世纪60年代，商业银行的业务经营重心开始从资产管理转向负债管理，该理论开辟了满足银行流动性需求的新途径，改变了长期以来资产管理仅从资产运用角度来维持流动性的传统做法，即不再依赖维持较高水平现金资产和出售短期证券来满足流动性需要，而是积极主动在货币市场"购买"资金，以满足流动性需求和不断适应目标资产规模扩张需要。

资产负债综合管理理论产生于20世纪70年代中后期。该理论认为，商业银行单靠资产管理或单靠负债管理都难以达到流动性、安全性、盈利性的均衡。银行应对资产负债两方面业务进行全方位、多层次的管理，保证资产负债结构调整的及时性、灵活性，以此来保证流动性供给能力。

资产负债外管理理论认为，存贷款业务只是银行经营的一根主轴，在其旁侧可延伸发展多样化金融服务。同时，该理论还提倡将某些资产负债表内的业务转化为表外业务，即表内业务表外化。

3. 现代商业银行的未来发展趋势

随着经济环境的变化，现代商业银行在功能、业务范围、收入来源、业务方式和竞争焦点等方面都出现显著变化，具体体现在以下方面：商业银行向综合性的"全能银行"方向发展；金融创新能力成为商业银行生存和发展的主要决定因素；银行资产证券化趋势不断加强；银行业务经营的数字化程度越来越高；金融服务性收入将成为银行最主要收入来源；风险管理将成为商业银行的核心功能。

二、学习目标

◆ 掌握商业银行的基本业务框架，商业银行的经营原则和商业银行经营管理理论的基本内容。

◆ 理解商业银行的起源、性质、职能，商业银行的外部组织形式及类型。

◆ 了解现代商业银行的发展趋势。

三、习　题

（一）填空题

1. 1694 年成立的_____是历史上第一家股份制银行，也是现代银行产生的象征。美国的_____成立于 1995 年 10 月 18 日，是世界上第一家没有传统银行经营网点的网络银行。

2. _____是商业银行最基本也是最能反映其经营活动特征的职能。商业银行的信用创造职能是建立在_____职能和_____职能的基础之上的。

3. 美国的《跨州银行法》允许从_____年起，银行在全国设立分支机构，跨州经营。美国于_____年出台的_____，确立了现代商业银行与投资银行分业经营的局面；而_____年的_____则废除了前法。

4. 商业银行存放在中央银行的存款准备金由两部分组成，一部分是_____存款准备金，另一部分是_____存款准备金。

5. 按贷款的质量和风险程度划分，贷款可分为_____、关注贷款、_____、_____和_____。

6. 票据贴现是指_____将_____票据交给银行，银行扣除_____后支付余款给客户的行为。

7. _____是商业银行负债业务中最重要的业务，也是商业银行最主要的资金来源。

8. 根据《巴塞尔协议》，银行的资本分为两级，即_____资本和_____资本。_____是核心资本的补充，由未公开储备、重估储备、普通准备金、混合资本工具和长期附属债券组成。

9. 在商业银行的业务经营活动中，_____是商业银行经营管理的目标，_____是商业银行经营管理的保障，_____是商业银行经营管理的前提。

10. 中央银行是一国的金融政策制定机构，它的政策效应是通过_____来传递的。

（二）单项选择题

1. 中国现代银行的产生是以_____设立为标志的。
   A. 户部银行　　　　　　B. 中国通商银行
   C. 交通银行　　　　　　D. 中国银行

2. 现代各国商业性金融机构，尤其是银行业，主要是按照_____形式建立的。
   A. 合作制　　B. 国有制　　C. 私人所有制　D. 股份制

3. 商业银行利用吸收的存款，发放贷款衍生出更多存款，从而扩大社会货币供应量，体现的职能是_____。

  A. 信用中介职能   B. 支付中介职能

  C. 信用创造职能   D. 金融服务职能

4. 商业银行最基本，最能反映其经营活动特征的职能是_____。

  A. 支付中介   B. 信用中介   C. 信用创造   D. 金融服务

5. 就组织形式来看，我国商业银行实行_____。

  A. 单一银行制度   B. 总分行制度

  C. 代理行制度   D. 银行控股公司制度

6. 下列选项不属于巴塞尔协议Ⅱ"三大支柱"的是_____。

  A. 最低资本要求   B. 银行治理结构

  C. 监管当局的监督检查   D. 市场约束

7. 商业银行资本中最基本的形式是_____。

  A. 未分配利润   B. 普通股   C. 普通准备金   D. 优先股

8. 商业银行的实收资本是通过_____的形式筹集的。

  A. 发行债券   B. 发行股票   C. 吸收存款   D. 借款

9. 1998 年的《巴塞尔协议》主要针对的风险是_____。

  A. 信用风险   B. 操作风险   C. 市场风险   D. 流动性风险

10. 信用风险就是由_____引起的风险。

  A. 商业银行贷款条件改变   B. 国家政策改变

  C. 债务人违约   D. 货币贬值

11. 1988 年《巴塞尔协议》有关商业银行资本充足率的规定是，商业银行的资本对_____的目标比率应为8%。

  A. 资产   B. 负债

  C. 加权风险资产   D. 所有者权益

12. 《巴塞尔协议Ⅲ》规定，2019 年后银行核心资本与风险资产总额的比率，总资本与风险资产总额的比率分别为_____。

  A. 4%   6%   B. 6%   8%

  C. 8.5%   10.5%   D. 4.5%   6%

13. 商业银行经营活动的基础是_____。

  A. 表外业务   B. 中间业务   C. 资产业务   D. 负债业务

14. 下列选项不属于商业银行的活期存款的是_____。

A. 支票存款　　　　　　　B. 自动转账服务

C. NOWs　　　　　　　　 D. CDs

15. 不使用支票而使用支付命令，且付息的存款是_____。

A. NOW　　　B. ATS　　　C. MMDA　　　D. MMMF

16. 商业银行的资产业务是指_____。

A. 资金来源业务　　　　　B. 存款业务

C. 中间业务　　　　　　　D. 资金运用业务

17. 下列选项不属于商业银行的现金资产的是_____。

A. 库存现金　　　　　　　B. 准备金

C. 存放同业款项　　　　　D. 应付款项

18. 商业银行准备金是指_____。

A. 银行的拨备

B. 发行在外的现金加上商业银行在中央银行的存款

C. 公众手持现金加上商业银行在中央银行的存款

D. 商业银行的库存现金加上商业银行在中央银行的存款

19. 商业银行的_____一般只提供给往来密切、实力雄厚、财务状况良好、经营管理水平高的大公司。

A. 抵押贷款　　B. 担保贷款　　C. 信用贷款　　D. 工商业贷款

20. 银行买进一张未到期票据，票面额为 1 万元，年贴现率为 10%，票据 50 天后到期（一年按 365 天计），则银行应向客户支付_____。

A. 9863 元　　　B. 9000 元　　　C. 10000 元　　　D. 9800 元

21. 商业银行从事的不列入资产负债表内但能影响银行当期损益的经营活动的业务称为_____。

A. 资产业务　　B. 负债业务　　C. 表外业务　　D. 经营业务

22. 客户以现款交付银行，由银行把款项支付给异地收款人的业务称为_____。

A. 汇兑业务　　B. 承兑业务　　C. 代收业务　　D. 信托业务

23. 下列选项属于商业银行狭义的表外业务的是_____。

A. 信托业务　　B. 结算类业务　　C. 信用卡业务　　D. 承诺业务

24. 资产管理理论是以商业银行资产的_____为重点的经营管理理论。

    A. 盈利性与流动性   B. 流动性

    C. 流动性与安全性   D. 安全性与盈利性

25. 资产转换理论认为，银行流动性的强弱取决于_____。

    A. 银行资产的迅速变现能力

    B. 贷款期限的长短

    C. 银行能否迅速借入资金

    D. 银行的资金来源主要是活期存款

26. 在_____理论的鼓励下，商业银行资产组合中的票据贴现和短期国债比重迅速增加。

    A. 商业性贷款理论   B. 资产可转换理论

    C. 预期收入理论   D. 负债管理理论

27. 下列选项不属于负债管理理论缺陷的是_____。

    A. 提高融资成本   B. 增加经营风险

    C. 降低资产流动性   D. 不利于银行稳健经营

28. 商业银行在经营过程中，能够随时满足客户提存需要和客户合理的贷款要求是指商业银行经营管理中_____。

    A. 安全性原则   B. 流动性原则   C. 盈利性原则   D. 效益性原则

29. 商业银行资产在无损状态下迅速变现的能力是指_____。

    A. 负债的流动性   B. 经营的安全性

    C. 资产的流动性   D. 经营的盈利性

（三）多项选择题

1. 商业银行作为特殊的金融企业，具有的职能有_____。

    A. 支付中介   B. 信用中介   C. 信用创造

    D. 信用控制   E. 政策传导

2. 现代银行的形成途径主要包括_____。

    A. 由原有的高利贷银行转变形成

    B. 民众集资设立

C. 按股份制形式设立

D. 政府与私人部门合办

E. 私人部门自由设立

3. 商业银行的组织制度形式目前主要有_____。

A. 单元制　　　　　B. 分行制　　　　　C. 二元制

D. 持股公司制　　　E. 连锁银行制

4. 单一银行制的优点包括_____。

A. 有利于自由竞争，限制银行业垄断

B. 有利于银行与地方政府的协调，适合本地区需要

C. 易于吸收存款，调剂资金，提高银行的安全性

D. 独立性、自主性很大，经营较灵活

E. 管理层次少，有利于银行管理和控制

5. 分支行制的缺点有_____。

A. 银行规模较大，不利于采用现代化设备，业务发展和创新受到限制

B. 银行业务多集中于某一地区、某一行业，容易受到经济波动的影响，风险集中

C. 分支机构多，易取得规模经济效益

D. 容易造成大银行对小银行的吞并，形成垄断，妨碍竞争

E. 内部层次、机构较多，管理困难。

6. 根据《巴塞尔协议》关于银行资本构成的规定，商业银行的核心资本金有_____。

A. 普通股　　　　　B. 公开储备　　　　C. 普通准备金

D. 未分配利润　　　E. 后期偿付的长期债券

7. 根据《巴塞尔协议 Ⅲ》的要求，商业银行持有的资本可能包括_____。

A. 一级资本　　　　B. 二级资本　　　　C. 资本防护缓冲资金

D. 逆周期资本缓冲　E. 活期存款

8. 商业银行的借款业务主要有_____。

A. 同业拆入　　　　B. 同业拆出　　　　C. 向中央银行借款

D. 发行金融债券　　E. 国际金融市场借款

9. 商业银行资产负债表的资产方反映银行资金运用,它包括_____。

A. 现金资产　　　B. 证券投资　　　C. 贷款

D. 其他资产　　　E. 资本金

10. 商业银行的现金资产主要包括_____。

A. 库存现金　　　B. 存放在中央银行的超额准备金

C. 同业存放的款项　D. 贴现　　　E. 托收中的现金

11. 按贷款是否有担保划分,银行贷款可分为_____。

A. 信用贷款　　　B. 担保贷款　　　C. 票据贴现

D. 工商业贷款　　E. 消费者贷款

12. 商业银行贷款质量的五级分类为_____。

A. 正常类　　　　B. 关注类　　　　C. 次级类

D. 可疑类　　　　E. 损失类

13. 依据贷款的质量五级分类法,以下属于不良贷款的有_____。

A. 逾期贷款　　　B. 关注贷款　　　C. 次级贷款

D. 可疑贷款　　　E. 正常贷款

14. 商业银行替客户办理中间业务可能获得的好处有_____。

A. 控制企业经营　B. 与客户分成　　C. 手续费收入

D. 暂时占用客户的资金

E. 获得稳定的客户,增加其资金来源的稳定性

15. 下列选项属于商业银行狭义表外业务的有_____。

A. 贷款承诺与贷款销售

B. 金融期货与金融期权

C. 远期与互换

D. 委托收款与财务管理

E. 开立备用信用证

16. 下列选项属于商业银行资产管理论的有_____。

A. 购买理论　　　B. 资产转换理论　C. 商业性贷款理论

D. 预期收入理论　E. 资产负债外管理论

17. 下列有关负债管理理论说法正确的有_____。

A. 负债管理理论使西方商业银行更富有进取精神

B. 负债管理理论可促使商业银行扩大信贷规模

C. 负债管理理论可增加银行经营风险

D. 负债管理理论可降低银行经营成本

E. 负债管理理论可使得银行资产最大化

18. 现代商业银行的发展趋势有_____。

A. 业务全能化　　　B. 资产证券化　　　C. 业务经营数字化

D. 大力开展表外业务 E. 风险管理成为核心功能

19. 商业银行的经营原则有_____。

A. 安全性　　　　　B. 社会性　　　　　C. 流动性

D. 政策性　　　　　E. 盈利性

（四）判断题

1. 世界上大部分国家商业银行组织形式实行的是单一银行制。（　　）

2. 单一银行制的优点主要体现为限制了银行业的集中和垄断，促进了自由竞争。（　　）

3. 分支行制银行由于能在各分支行之间调动资金，所以能更好地支持地方经济。（　　）

4. 20世纪美联储颁布的Q条例禁止会员银行对它所吸收的活期存款（30天以下）支付利息，并对上述银行所吸收的储蓄存款和定期存款规定了利率上限。（　　）

5. 《巴塞尔协议Ⅱ》规定计算银行资本充足率不必考虑表外资产。（　　）

6. 永久性的股东权益和债务资本都属于商业银行的一级资本或核心资本。（　　）

7. 银行的核心一级资本是指其最基本、最稳定的资本部分，用于覆盖潜在的损失，主要包括普通股、留存收益等。（　　）

8. 我国曾依据借款人还款状况，将贷款划分为正常、逾期、呆滞、

呆账四类。（　　）

9. 商业银行进行证券投资，主要是为了增加收益和增加资产的流动性。（　　）

10. 中间业务是指银行所从事的未列入银行资产负债表以及不影响利润的经营活动。（　　）

11. 银行汇票和银行承兑汇票都是由银行签发的票据。（　　）

12. 由于商业银行能够从信托业务中获利，所以信托业务是资产业务。（　　）

13. 我国《商业银行法》规定，商业银行在中华人民共和国境内不得从事信托投资和证券经营业务。（　　）

14. 目前我国商业银行证券投资的对象主要是政府债券。（　　）

15. 商业银行的风险回避就是放弃做有风险的业务。（　　）

16. 在商业银行的资产管理中，流动性是一项重要原则，因此商业银行应该保留尽可能多的现金准备。（　　）

17. 商业银行保持第二准备的目的是实现更多的盈利。（　　）

18. 商业银行经营的三原则中，流动性与盈利性正相关。（　　）

（五）名词解释

1. 商业银行

2. 信用创造

3. 银行控股公司

4. 核心资本

5. 附属资本

6. 中间业务

7. 表外业务

（六）问答题

1. 如何理解商业银行的性质？

2. 商业银行有哪些基本职能？

3.《巴塞尔协议》把商业银行的资本分为哪些基本类型？

4. 商业银行"三性"原则的内容是什么？如何理解"三性"原则的关系？

（七）计算题

1. 某客户 2016 年 5 月 15 日在银行存入定期存款 10000 元人民币，存期为三个月，该储户实际取款日期 2016 年 9 月 28 日，三个月期存款的利率为 1.98%，活期存款利率 0.66%，试计算该储户应得利息为多少？

（八）论述题

1. 商业银行管理理论中，资产管理理论与负债管理理论各自强调的管理重心和所处环境差异是什么？

2. 现代商业银行的发展趋势是什么？

（九）材料分析题

1. 某镇政府为了加速经济发展，决定再上一个投资 5000 万元的大项目，可是资金不足，镇领导找到当地银行，希望给予贷款。行长没有表态，因为该镇政府前几年搞了几个工程项目都没成功，欠几千万元贷款无力偿还，可该领导却对行长再次表示："反正银行的钱就是国家的钱，不用白不用，再说，即使损失了，银行多印些钞票就行了。"

结合商业银行的相关理论回答问题：你认为行长应如何答复？并请说明这样答复的理由。

四、参考答案

（一）填空题

1. 英格兰银行、安全第一银行
2. 信用中介、信用中介、支付中介

3. 1997、1933、《格拉斯—斯蒂格尔法》、1999、《金融服务现代化法》

4. 法定、超额

5. 正常贷款、次级贷款、可疑贷款、损失贷款

6. 持票人、未到期、贴息

7. 存款

8. 核心或一级、附属或二级、附属资本

9. 盈利性、安全性、流动性

10. 商业银行

（二）单项选择题

1-5　B　D　C　B　B　6-10　B　B　B　A　C

11-15　C　C　D　D　A　16-20　D　D　D　C　A

21-25　C　A　D　C　A　26-29　B　C　B　C

（三）多项选择题

1. ABCE　2. AC　3. ABDE　4. ABDE　5. DE

6. ABD　7. ABCD　8　ACDE　9. ABCD　10. ABCE

11. ABC　12. ABCDE　13. CD　14. CDE　15. ABCE

16. BCD　17. ABC　18. ABCDE　19. ACE

（四）判断题

1. ×　2. √　3. ×　4. √　5. ×　6. ×　7. √　8. √　9. √　10. ×

11. ×　12. ×　13. √　14. √　15. ×　16. ×　17. ×　18　×

（五）名词解释

1. 商业银行：是以追求最大利润为目标，以多种金融负债筹集资金，以多种金融资产为其经营对象，能将部分负债作为货币流通，同时可进行信用创造，并向客户提供多功能、综合性服务的特殊金融企业。

2. 信用创造：商业银行职能之一，指商业银行通过吸收活期存款、

发放贷款，在支票流通和转账结算中，贷款转换为派生存款，并进一步形成新的贷款和新的派生存款的过程。

3. 银行控股公司：指通过股票所有权控制一家或一家以上银行的公司。

4. 核心资本：《巴塞尔协议》将银行资本分为两级，其中一级资本又称核心资本，包括普通股及其溢价、公开储备、永久性非累积优先股以及未分配利润。

5. 附属资本：《巴塞尔协议》将银行资本分为两级，其中二级资本又称附属资本，包括未公开储备、重估储备、普通准备金、有偿还期限的累积性优先股、带有债务性质的资本工具、后期偿付的长期债券等。

6. 中间业务：指银行利用自己的便利，接受客户委托，不动用或较少动用自己的资产为客户提供各种服务，收取佣金、手续费、管理费等费用的一种业务。

7. 表外业务：指没有反映在商业银行资产负债表中，但会影响商业银行的营业收入和利润的业务。广义的表外业务包括中间业务和狭义的表外业务。

（六）问答题

1. 答案要点：商业银行是一种经营货币信用业务的特殊金融企业。

（1）商业银行具有一般工商企业的特征。它拥有业务经营所必需的自有资本，并且大部分资本来自于股票发行；独立核算、自负盈亏；追求利润最大化。

（2）商业银行是经营货币资金、提供金融服务的金融企业。在经营对象、经营方式、社会责任及对整个经济的影响上，与一般工商企业有着显著的不同。它以货币为经营对象，以货币信用领域为活动范围，创造存款货币。

（3）商业银行不同于其他金融机构。商业银行是唯一能够经营活期存款的金融机构，具有创造活期存款的能力；商业银行功能较全面，业务复杂，分支机构众多，影响广泛。

2. 答案要点：商业银行的职能主要有信用中介、支付中介、信用创造、政策传导和金融服务。

（1）信用中介。商业银行通过负债业务将社会上各种闲散资金集中起来，再通过资产业务把它们投向社会各部门。

（2）支付中介。商业银行可代替顾客对商品和劳务进行支付。支付中介功能对于节约流通费用、加速资金周转具有重要意义。

（3）信用创造。商业银行的信用创造职能建立在信用中介和支付中介职能基础之上。商业银行是唯一能够吸收活期存款、开设支票存款账户的金融机构，商业银行运用其所吸收的存款发放贷款。在支票流通和转账结算过程中，贷款又转换为派生存款，进而产生新的贷款、新的派生存款……最终在整个银行体系内能够形成数倍于原始存款的派生存款。

（4）政策传导。商业银行是政府调节经济运行和追求社会目标的政策传递渠道。商业银行是中央银行运用货币政策工具来实施货币政策的主要传导对象。

（5）金融服务。商业银行利用其在国民经济活动中的特殊地位，及其在提供信用中介和支付中介业务过程中所获得的大量信息，运用计算机网络等技术手段和工具，为客户提供其他服务。

3. 答案要点：《巴塞尔协议》将商业银行的资本分为两级：一级资本又称核心资本，包括普通股及其溢价、公开储备、永久性非累积优先股以及未分配利润；二级资本又称附属资本，包括未公开储备、重估储备、普通准备金、有偿还期限的累积性优先股、带有债务性质的资本工具、后期偿付的长期债券等。

4. 答案要点：商业银行的"三性"原则是安全性、流动性和盈利性。

安全性原则是指商业银行在业务活动中应尽量避免各种不确定因素的影响，保证资金安全和稳健经营。流动性原则是指商业银行应能够随时满足客户提现和借款人的正常贷款要求。盈利性原则是指商业银行尽可能地追求盈利最大化。

三项原则之间的关系可概括为：盈利性是商业银行经营管理的目标，安全性是商业银行经营管理的保障，流动性是商业银行经营管理的前提。三项原则既有统一的一面，也有矛盾的一面。一般来讲，安全性与流动性是正相关的，流动性强的资产，风险较小，安全有保障，但它们与盈利性往往有矛盾，即流动性强，安全性好，盈利性却较低，而盈利性较高的资产，往往流动性较差，风险较大。商业银行只能从实际出发，统一协调，寻求相对最佳组合。

（七）计算题

1. 三个月期利息额 $=10000\times3\times1.98\%/12=49.5$（元）

逾期以活期存款计息：含税利息额 $=10000\times43\times0.66\%/360$

$$\approx7.88（元）$$

利息总额 $=49.5+7.88=57.38$（元）

（八）论述题

1. 答案要点：资产管理理论所处环境是商业银行是金融机构主要代表，间接融资是主要融资方式，银行资金来源以存款为主，资金供给充裕，资金来源水平和结构被认为对立于银行决策之外。管理重心是放在银行资产负债表的资产方，即银行在既定的资金来源下，如何通过资产方面管理来实现三性。

负债管理理论所处环境一方面是金融管制加强；另一方面社会资金开始变得紧张，银行面临竞争加剧。这些变化使得商业银行的业务经营重心开始从资产管理转向负债管理重心，即积极主动地在货币市场上购买资金来满足流动性需求和不断适应目标资产规模扩张的需求。

2. 答案要点：现代商业银行的发展趋势是：商业银行向综合性的"全能银行"方向发展；金融创新能力成为商业银行生存和发展的主要决定因素；银行资产证券化趋势不断加强；银行业务经营的数字化程度越来越高；金融服务性收入将成为银行最主要收入来源；风险管理将成为商业银行的核心功能。

（九）材料分析题

1. 答案要点：（1）银行行长应拒绝给予贷款。（2）理由主要有几方面：①从银行经营的盈利性原则看，没有银行利润，银行就无法持续运营。该镇政府尚拖欠银行几千万元贷款无力偿还，又想再贷5000万元上新项目，这不符合银行经营的盈利性原则。②从银行经营的安全性原则看，当企业单位向银行贷款时，形成了对银行的负债，需要偿还相应的利息。与此同时，银行信贷资金的主要来源之一是居民的储蓄存款。银行吸收存款时，同样形成对储户的负债，并需支付相应的利息。如果企业长期违约对银行的经营产生破坏，甚至导致其破产关闭，这将对居民储蓄的清偿产生影响。③从银行信用创造和政策传导职能看，银行是资金活动的中枢神经，是政府调节经济运行和追求社会目标的政策传递渠道，银行的资金并不是某个企业可以随便乱花的。④从货币发行看，中央银行是唯一的货币发行银行，而商业银行并无货币发行权。而且，货币发行规模应与流通中所需的货币量相一致，如果超发则会引起通货膨胀。

第七章 中央银行

一、内容摘要

中央银行是各国金融体系的核心，负责制定和执行货币政策，防范和化解金融风险，维护金融稳定。本章主要讨论中央银行的产生与发展、中央银行的性质与职能、中央银行制度的类型以及中央银行的主要业务等问题。

（一）中央银行的产生与发展

1. 中央银行产生的客观经济原因

中央银行产生于统一发行银行券、集中票据交换和清算、为银行业提供资金支持、对银行业监督管理以及政府融资的需要。

2. 中央银行的发展历程

中央银行共经历了三大发展时期：初创时期、迅速发展时期及强化和完善时期。

（二）中央银行的性质与职能

1. 中央银行的性质

中央银行的性质是由其业务活动的特点和所发挥的作用来决定的。它既是管理金融事务的国家机关，又是特殊的金融机构。

2. 中央银行的职能

中央银行的职能是中央银行性质的具体体现，一般将其概括为发行的银行、银行的银行和政府的银行。

（三）中央银行制度的类型与组织结构

1. 中央银行制度的基本类型

中央银行制度大致可分为单一型中央银行制度、复合型中央银行制度、准中央银行制度和跨国中央银行制度四种基本类型。

2. 中央银行的资本构成

中央银行的资本构成是指作为中央银行营业基础的资本金的构成情况，即中央银行资本金的所有制形式。中央银行的资本构成主要有五种类型：国家所有、公私共有、私有、无资本以及多国共有。

3. 中央银行的组织结构

中央银行的组织结构大都有专门的法律或专项规定来确定，一般包括内部职能机构、权力分配结构和分支机构设置等内容。

各国中央银行内部职能部门一般包括：行政管理部门、业务操作部门、调研分析部门。

中央银行的最高权力大致可分为三种：决策权、执行权和监督权。

各国中央银行基本上都设立了自己的分支机构。分支机构的设置大致有三种类型：按经济区域设置、按行政区划设置、以经济区域为主，兼顾行政区划设置。

（四）中央银行的主要业务

1. 中央银行业务活动的一般原则

中央银行的业务活动的一般原则包括非营利性、流动性、公开性和不得经营法律许可以外的业务。

2. 中央银行业务活动的一般分类

各国中央银行法中都对其业务范围进行具体规定。按中央银行的业务活动是否与货币资金的运动相关，中央银行业务可分为银行性业务和管理性业务。

银行性业务是指直接与货币资金相关并引起货币资金的运动或数量变化的业务。管理性业务是中央银行运用法定特权，作为一国金融管理最高当局所从事的业务。

中央银行的业务活动可通过资产负债表反映。

3. 中央银行的负债业务

中央银行的负债业务主要包括存款业务、货币发行业务、发行中央银行债券以及对外负债业务。

中央银行存款业务包括准备金存款、政府存款、外国存款和其他存款。

货币发行是中央银行最重要的负债业务。货币发行需遵循一定的原则。

中央银行债券的发行对象是国内金融机构。中央银行通过债券的发行及买卖以影响商业银行等金融机构的储备，灵活调节货币供应量。

中央银行对外负债主要包括从国外银行借款、对国外发行债券、从国际金融机构借款、从国外中央银行借款等。

4. 中央银行资产业务

中央银行的资产业务是指在一定时点上中央银行所拥有的各种债权。中央银行的资产业务包括再贴现和贷款业务、证券买卖业务、国际储备业务等。

再贴现和贷款业务既是中央银行对商业银行等金融机构提供融资、履行最后贷款人职能的主要方式，也是中央银行投放基础货币、调控全社会货币供应量的重要渠道。

贷款业务包括中央银行对商业银行等金融机构的贷款、对政府的贷款以及其他贷款。

中央银行买卖证券业务又称公开市场买卖或公开市场操作，具有主动性、灵活性和可逆性等特点，且可连续、经常地操作。

国际储备主要包括黄金、外汇、在国际货币基金组织的储备头寸以及未动用的特别提款权。

5. 中央银行的支付清算服务

中央银行的支付清算是指中央银行作为一国支付清算体系的参与者

和管理者，通过一定的方式和途径，使金融机构间的债权债务清偿以及资金转移能够顺利完成，并维护支付系统的平稳运行，从而保证经济活动和社会生活的正常进行。中央银行提供支付清算服务是履行其"银行的银行"职能的重要表现之一。中央银行支付清算服务的效率对一国的金融稳定和经济安全具有重要意义。

6. 中央银行的其他业务

中央银行的业务活动还包括经理国库业务、会计业务、调查统计业务和征信管理业务等。

（五）中央银行的独立性

1. 中央银行独立性的含义

中央银行的独立性是指中央银行履行自身职责时法律所赋予或实际拥有的权力、决策、行动的自主程度。中央银行的独立性问题较集中地反映在中央银行与政府的关系上，一方面中央银行应与政府保持一定的独立性，另一方面中央银行又不能完全脱离政府，因而中央银行的独立性只能是相对的。

2. 中央银行独立性的类型

各国中央银行的独立性大致有三种类型：独立性较强的中央银行，如德意志联邦银行、美国联邦储备体系；独立性居中的中央银行，如英格兰银行、日本银行；独立性较弱的中央银行，如意大利银行、法兰西银行和中国人民银行。

二、学习目标

◆ 了解中央银行的产生与发展，掌握中央银行的性质与职能，中央银行的制度类型与组织结构。

◆ 了解中央银行的基本业务框架，掌握中央银行的主要业务。

◆ 理解中央银行的独立性。

三、习　题

（一）填空题

1. _____是一国金融体系的核心，负责制定和执行货币政策，防范和化解金融风险。它的业务活动有着特殊的原则，即_____、_____、_____以及_____。

2. 1656年成立的_____最初是一般的私营银行，后来被改组为国家银行。_____是现代中央银行的"鼻祖"。美国的中央银行是_____。_____国的中央银行是没有资本金的银行。

3. 中央银行的职能可概括为_____、_____和政府的银行。中央银行的支付清算服务是履行其_____职能的重要体现。

4. 中央银行制度大致可分为_____中央银行制度、_____中央银行制度、准中央银行制度和_____中央银行制度四种类型。

5. 中央银行的最高权力可分为_____、_____和_____。美国联邦储备体系和英格兰银行的最高权力机构是_____。

6. 1998年以前，中国人民银行分支机构按_____设置。1998年进行重大改革，撤销省级分行，按_____设立了_____家大区分行和两家营业管理部。2023年，从大区分行制度回归省级分行制度。

7. 中央银行的独立性问题集中地反映在中央银行与_____的关系上。

8. 按业务活动是否与货币资金的运动相关，中央银行的业务可分为_____和_____。

9. 中央银行的负债业务主要包括_____业务、_____业务、发行中央银行债券以及_____业务。中央银行的资产业务包括_____业务、_____业务、_____业务等。

10. 中央银行的_____业务又称为公开市场操作。美联储的公开市场操作在_____的领导下进行。

（二）单项选择题

1. 中央银行是"政府的银行"，它代理国库，集中_____。

   A. 国库存款   B. 企业存款   C. 团体存款   D. 个人存款

2. 垄断货币发行权，是央行作为_____的职能的体现。

   A. 银行的银行 B. 国家的银行 C. 监管的银行 D. 发行的银行

3. 中央银行根据国民经济发展的客观需求增减货币供应量是遵循货币发行的_____。

   A. 经济发行原则   B. 财政发行原则

   C. 弹性原则   D. 垄断发行原则

4. 各国中央银行货币发行准备基本上包括两种，一是现金准备，一是_____。

   A. 商品保证准备   B. 票券保证准备

   C. 外汇保证准备   D. 信用保证准备

5. 下列_____最能体现中央银行是"银行的银行"。

   A. 发行货币   B. 最后贷款人 C. 代理国库   D. 组织全国的

清算

6. 中国人民银行实行_____中央银行制度。

   A. 一元式   B. 二元式   C. 复合型   D. 跨国

7. 中国人民银行的资本属于_____。

   A. 国家所有   B. 公私混合所有

   C. 私人所有   D. 无资本

8. 下列选项属于中央银行负债的是_____。

   A. 中央政府存款   B. 贴现贷款

   C. 证券   D. 特别提款权凭证账户

9. 下列选项不属于中央银行负债的是_____。

   A. 外汇、黄金储备   B. 流通中通货

   C. 国库存款   D. 金融机构存款

10. 流通中的现钞是_____。

    A. 商业银行的资产   B. 商业银行的负债

C. 中央银行的资产　　　　　　D. 中央银行的负债

11. 下列选项属于中央银行资产的是_____。

　　A. 货币发行、存款业务、发行中央银行票据

　　B. 货币发行、证券业务、再贴现

　　C. 再贴现、证券业务、外汇储备

　　D. 外汇储备、再贴现、发行中央银行票据

12. 下列选项属于中央银行资产的有_____。

　　A. 流通中的货币　　　　　　B. 政府和公共机构存款

　　C. 政府债券　　　　　　　　D. 商业银行等金融机构存款

13. 中央银行贷款一般以_____为主，这是由中央银行的地位与作用决定的。

　　A. 长期贷款　　B. 中长期贷款　C. 短期贷款　　D. 无息贷款

14. 证券买卖业务的主要对象是_____。

　　A. 国库券和国债　　　　　　B. 股票

　　C. 公司债券　　　　　　　　D. 金融债券

15. 我国央行在公开市场操作中选定的一级交易商是_____。

　　A. 全都是商业银行　　　　　B. 少数是投资银行

　　C. 多数是投资银行　　　　　D. 全都是投资银行

16. 中央银行持有证券并进行买卖的目的不是_____。

　　A. 盈利　　　　　　　　　　B. 投放基础货币

　　C. 回笼基础货币　　　　　　D. 对货币供求进行调节

17. 在中国人民银行的资产负债表中，最主要的资产项目为_____。

　　A. 政府存款　　　　　　　　B. 国外资产

　　C. 对存款货币银行债权　　　D. 对政府债权

18. 在下列针对中央银行资产项目的变动中，导致准备金减少的是_____。

　　A. 央行给存款机构贷款增加

　　B. 央行出售证券

　　C. 向其他国家央行购买外国通货

　　D. 购买黄金，增加黄金证券储备

19. 在下列针对中央银行负债项目的变动中，导致准备金增加的是_____。

  A. 财政部在中央银行的存款增加

  B. 外国在中央银行的存款增加

  C. 流通中的通货减少

  D. 流通中的通货增加

20. 下列选项不属于中央银行调查统计内容的是_____。

  A. 信贷收支统计　　　　　B. 物价调查统计

  C. 工业景气调查统计　　　D. 地区生产总值统计

21. 下列中央银行中，独立性程度最低的是_____。

  A. 美国联邦储备体系　　　B. 日本银行

  C. 英格兰银行　　　　　　D. 意大利银行

（三）多项选择题

1. 中央银行产生的客观经济原因有_____。

  A. 统一发行银行券

  B. 集中票据交换和清算

  C. 为银行业提供资金支持

  D. 监督管理银行业

  E. 政府融资

2. 中央银行的作用有_____。

  A. 稳定货币与稳定经济

  B. 调节信用与调节经济

  C. 集中清算，加速资金周转

  D. 开展国际金融的合作与交流

  E. 管制、监理银行业

3. 中央银行的活动特点是_____。

  A. 不以盈利为目的

  B. 不经营普通银行业务

  C. 制定货币政策

D. 享有国家赋予的种种特权

E. 所有活动以政府利益为出发点

4. 现代中央银行的职能一般可概括为_____。

A. 信用中介　　　　　B. 发行的银行　　　　C. 政府的银行

D. 支付中介　　　　　E. 银行的银行

5. 中央银行的"银行的银行"职能主要体现在_____。

A. 集中存款准备金　　B. 最后贷款人　　　　C. 组织全国的清算

D. 发行货币　　　　　E. 对金融业进行监督管理

6. 下列选项中属于货币发行原则的是_____。

A. 垄断发行　　　　　B. 经济发行　　　　　C. 分散发行

D. 弹性发行　　　　　E. 财政发行

7. 中央银行的货币发行通过_____投入市场，从而形成流通中的货币。

A. 再贴现　　　　　　B. 再贷款　　　　　　C. 购买有价证券

D. 收购黄金外汇　　　E. 给政府公务员发工资

8. 中央银行作为"政府的银行"体现在_____。

A. 代理国库

B. 代理发行政府债券

C. 为政府筹集资金

D. 制定和执行货币政策

E. 代表政府参加国际金融组织和各种国际金融活动

9. 下列属于中央银行制度类型的有_____。

A. 单一制中央银行　　B. 复合制中央银行　　C. 跨国中央银行

D. 准中央银行　　　　E. 二元制中央银行

10. 实行一元制中央银行体制的国家有_____。

A. 中国　　　　　　　B. 美国　　　　　　　C. 德国

D. 英国　　　　　　　E. 日本

11. 中央银行的组织机构包括_____。

A. 中央银行的权力结构

B. 中央银行的内部组织机构设置

C. 股份制的所有制形式

D. 中央银行分支机构设置

E. 中央银行的业务操作机构设置

12. 在下列中央银行业务中，属于负债业务的有_____。

A. 货币发行　　　　B. 贷款　　　　　　C. 集中存款准备金

D. 代理国库　　　　E. 再贴现

13. 在下列中央银行业务中，属于资产业务的有_____。

A. 货币发行　　　　B. 贷款　　　　　　C. 金银储备

D. 外汇储备　　　　E. 再贴现

14. 如果中央银行大量购买政府债券，它的意图有_____。

A. 增加商业银行存入中央银行的存款

B. 减少商业银行的贷款总额

C. 提高利息率水平

D. 通过增加商业银行贷款扩大货币供给量，以达到降低利率刺激投资的目的

E. 紧缩银根

（四）判断题

1. 中央银行是发行的银行，除中央银行外任何其他金融机构的行为都不会影响货币供给。（　　）

2. 中央银行是不以营利为目的的金融管理部门，按照自愿、有偿的原则吸收法定存款准备金。（　　）

3. 2008 年金融危机后，多国日益重视加强中央银行的金融稳定职能。（　　）

4. 集中存款准备金是中央银行履行"银行的银行"职能的客观需求。（　　）

5. 中央银行充当最后的贷款人是其"政府的银行"职能的表现。（　　）

6. 中央银行国有化已成为一种发展趋势，例如西方的美、英、法、德等国。（　　）

7. 美国的联邦储备体系就是典型的单一中央银行制度。（　　）

8. 货币政策委员会是中国人民银行的最高权力机构。（　　）

9. 中央银行的货币发行在资产负债表中列在资产一方。（　　）

10. 财政发行是指为弥补国家财政赤字而引起的货币发行。（　　）

11. 中央银行从事"存、放、汇"银行业务的对象是商业银行和其他商业企业。（　　）

12. 由于现代中央银行是国家机构的一部分，所以中央银行可以向财政部提供直接贷款，弥补财政赤字。（　　）

13. 商业银行办理贴现业务的对象是未到期的票据，中央银行办理再贴现业务的对象是已到期的票据。（　　）

14. 中央银行的公开市场业务都是在二级市场而非一级市场上进行的。（　　）

15. 黄金是实现保值的最好手段，因此黄金储备也具有最大的盈利性。（　　）

16. 全额实时清算是指对金融机构的每笔转账业务随时结算。（　　）

17. 中国人民银行的征信管理是指中国人民银行依据法律、法规，对征信机构及其信息提供者和信息使用者的业务进行监督管理的制度安排及相关活动。（　　）

18. 中央银行的资产流动性要求比商业银行高。（　　）

19. 中央银行应与政府保持一定的独立性，中央银行又不能完全脱离政府，因此中央银行独立性是相对的。（　　）

（五）名词解释

1. 发行的银行

2. 银行的银行

3. 政府的银行

4. 单一型中央银行制度

5. 中央银行独立性

6. 货币发行准备制度

7. 国际储备

（六）问答题

1. 中央银行的产生有哪些必然性？

2. 中央银行有哪些基本职能？

3. 中央银行开展业务活动必须遵守哪些原则？如何理解这些原则？

4. 中央银行开展存款业务有何意义？

5. 中央银行存款与商业银行存款有何区别？

6. 与商业银行相比，中央银行负债业务有哪些特点？

7. 中央银行与商业银行有哪些业务关系？

8. 如何理解中央银行的独立性？为什么强调中央银行的独立性？

（七）论述题

1. 我国中央银行最主要的资产项目是国外资产中的外汇，美国中央银行最主要的资产项目是财政部债券，由此反映两国货币投放和货币政策操作工具的差异有哪些？

四、参考答案

（一）填空题

1. 中央银行、非营利性、流动性、公开性、不得经营法律许可以外的业务

2. 瑞典银行、英格兰银行、美国联邦储备体系、韩

3. 发行的银行、银行的银行、银行的银行

4. 单一型、复合型、跨国

5. 决策权、执行权、监督权、理事会

6. 行政区划、经济区域、九

7. 政府

8. 银行性业务、管理性业务

9. 存款、货币发行、对外负债、再贴现和贷款、证券买卖、国际储备

10. 证券买卖、联邦公开市场委员会/FOMC

（二）单项选择题

1-5　A　D　A　B　B　6-10　A　A　A　A　D

11-15　C　C　C　A　B　16-20　A　B　B　C　D

21　D

（三）多项选择题

1. ABCDE　2. ABCED　3. ABCD　4. BCE　5. ABC

6. ABD　7. ABCD　8. ABCDE　9. ABCD　10. ADE

11. ABD　12. AC　13. BCDE　14. AD

（四）判断题

1. ×　2. ×　3. √　4. ×　5. ×　6. ×　7. √　8. √　9. ×　10. √

11. ×　12. ×　13. ×　14. √　15. ×　16. √　17. √　18. √　19. √

（五）名词解释

1. 发行的银行：中央银行的职能之一。指在纸币本位制下，中央银行是唯一由国家授权发行货币的银行。它有两方面含义：一是中央银行占有本国货币发行的独享垄断权；二是中央银行必须以维护本国货币的正常流通与币值稳定为宗旨。

2. 银行的银行：中央银行的职能之一。它是指中央银行从事"存、放、汇"银行业务的对象是商业银行和其他金融机构；中央银行通过"存、贷、汇"业务对商业银行和其他金融机构的业务经营活动施以有效影响，以充分发挥金融管理职能。

3. 政府的银行：中央银行的职能之一。指中央银行代表国家贯彻执行货币金融政策，代为管理国家财政收支。

4. 单一型中央银行制度：中央银行制度的四种基本类型之一。指在全国只设立一家中央银行，并由其全面行使中央银行权力，履行中央银行的全部职责。目前世界上绝大多数国家都实行这种制度。单一型中央银行制度又分为一元式中央银行制度（如中国、英国）和二元式中央银行制度（如美国、德国）。

5. 中央银行独立性：指中央银行履行自身职责时法律所赋予或实际拥有的权力、决策、行动的自主程度，集中地反映在中央银行与政府的关系上，一方面中央银行应与政府保持一定的独立性，另一方面中央银行又不能完全脱离政府，即这种独立性只能是相对的。

6. 货币发行准备制度：指中央银行以某种或某几种形式的资产作为货币发行准备，从而使货币发行量与这种或这几种资产之间建立起联系和制约关系。在现代不兑现信用货币制度下，各国多以现金和证券作为发行准备。

7. 国际储备：国际储备主要包括黄金、外汇、在国际货币基金组织的储备头寸以及未动用的特别提款权。各国中央银行持有国际储备，目的是稳定币值和汇率，平衡国际收支。必须从安全性、收益性和灵活兑现性等三方面来考虑国际储备的数量及其结构。

（六）问答题

1. 答案要点：（1）统一发行银行券的需要。各银行独自发行的银行券的被接受程度和流通范围不同，不利于跨地区交易的进行，给社会生产和流通带来困难。若某些银行违背足额发行准备原则来发行银行券，则会使流通中的货币超过客观需要，从而不利于保持通货的稳定给社会带来不利影响。一些银行因经营不善而无法兑换所发行银行券的情况时有发生，尤其在危机时期，银行券不能兑换十分普遍，这不仅使银行券的信誉大大受损，还造成社会经济的混乱和动荡，这就需要一个资金实力雄厚且具有权威性的银行来统一发行银行券并保证兑现。

（2）集中票据交换和清算的需要。随着商品经济和银行业务的不断发展，银行每天手里的票据急剧增加，各银行之间的债务关系日益复杂，票据交换清算业务变得繁重起来，客观上需要有一个全国统一的、权威公正的清算机构，为各个商业银行间的票据交换和资金清算提供服务。

（3）为银行业提供资金支持的需要。银行在经营的过程中，可能遇到意外大额提现或贷款无法收回等情况而陷入流动性不足的困境。若缺乏及时足额的救援，银行的破产倒闭在所难免。一旦发生金融恐慌，可能会因为一家银行的支付困难殃及整个银行业。这在客观上需要一家权威机构作为众多银行的后盾，适当集中各银行的一部分准备金，在必要时提供资金支持，充当"最后贷款人"。

（4）对银行业监督管理的需要。随着商品经济和货币信用关系的发展，银行业在社会经济中的地位和作用越来越突出，银行业的稳定运行日益成为经济健康发展的重要条件。为了促使银行业的公平有序竞争，减少银行业运行的风险，由政府设立专门机构来对银行业进行监督、管理和协调是极其必要的。

（5）政府融资的需要。在资本主义发展的过程中，政府的作用越来越突出，政府融资也就成为一个重要的问题。成立一家与政府有着密切联系的、便于政府融资的机构就显得十分必要，这也是中央银行产生的另一客观原因。

2. 答案要点：中央银行的基本职能有：发行的银行、银行的银行和政府的银行。

（1）发行的银行是指中央银行垄断货币发行特权，成为全国唯一的货币发行机构。中央银行按照经济发展的客观需要发行货币并保持币值稳定。

（2）银行的银行是指中央银行的业务对象不是一般的企业或个人，而是商业银行和其他金融机构以及政府部门；中央银行与其业务对象之间的业务往来仍具有银行固有的"存贷汇"特征；中央银行为业务对象提供清算等服务的同时，也对它们进行宏观调控。这一职能主要体现在：集中存款准备金；充当最后贷款人；组织全国的清算。

（3）政府的银行是指中央银行代表国家贯彻执行货币金融政策，代为管理国家财政收支。中央银行的具体任务有：制定和实施货币政策；对金融业进行监督管理；代理国库；代理政府债券的发行；向政府

融通资金；保管国际储备；代表本国政府参加各种国际金融组织和国际
金融活动；为政府决策提供建议，等等。

3. 答案要点：中央银行在开展业务时，必须遵循以下原则：

（1）非营利性。中央银行的一切业务活动不以营利为目的。中央
银行的特殊地位和作用决定了中央银行要以维护经济金融稳定为己任，
是宏观金融管理机构而非商业性盈利机构，在有些情况下，即使不盈利
甚至亏损的业务，中央银行也要去做。

（2）流动性。中央银行的资产要保持流动性。一旦某银行出现资
金困难，甚至整个金融体系出现流动性危机时，中央银行应能拿出相当
可观的资金。为了使资产保持较高的流动性，中央银行一般不发放长期
贷款。

（3）公开性。中央银行的业务状况必须公开化，定期向社会公布
业务与财务状况，并向社会提供有关的金融统计资料。

（4）不得经营法律许可以外的业务。各国对中央银行的业务限制
主要有以下几项：

不得经营一般性银行或非银行业务；

不得直接对任何企业或个人发放贷款，不得向任何企业或个人提供
担保，有的国家还规定不得向地方政府、各级政府部门、非银行金融机
构提供贷款；

不得直接从事商业票据的承兑、贴现业务；

不得从事不动产买卖和不动产抵押贷款；

不得从事商业性证券投资业务；

一般情况下，不得向财政透支、直接认购包销国债和其他政府
债券；

当中央银行是股份制方式时，不得回购本行股票。

4. 答案要点：中央银行存款业务的重要意义体现在：（1）中央银
行集中保管商业银行等金融机构的存款准备金，以在其清偿能力不足时
进行贷款支持，充当最后贷款人，同时，也有利于中央银行监督其业务
经营和资金运用状况；（2）中央银行可通过法定存款准备金比率的调
整来影响全社会的信用规模和货币供应量；（3）中央银行作为全国的

支付清算中心，其所吸收的存款对于商业银行等金融机构之间债权债务的顺利清偿、社会资金的加速周转意义重大。

5. 答案要点：中央银行存款与商业银行存款的区别体现在：（1）存款的强制性：中央银行存款具有一定的强制性，而商业银行存款遵循"存款自愿，取款自由"的存款原则。（2）存款用途、目的的特殊性：中央银行吸收存款是出于宏观调控和行使监管职能的需要，而商业银行是为了实现银行利润最大化。（3）存款人的特定性：中央银行只吸收商业银行、非银行金融机构、政府部门及特定部门的存款，而商业银行直接吸收个人、工商企业的存款。（4）与存款当事人之间关系的特殊性：中央银行与存款当事人之间的关系除经济关系之外，还有管理与被管理的关系，而商业银行与存款当事人之间只有纯粹的经济关系。

6. 答案要点：中央银行的负债业务即其资金来源，主要包括流通中的货币、各项存款和其它负债。虽然资本金项目也是其资金来源，但不属于负债。商业银行的负债业务也是其吸收资金形成资金来源的业务，主要包括存款负债、其它负债和自有资本。与商业银行相比，中央银行的负债业务具有以下特点。

（1）其负债业务中的流通中货币是其所独有的项目，这是由其独享货币发行权所形成的垄断性负债业务。商业银行均无此项负债，并且与此相反，现金在商业银行的资产负债表中属于资产项目。

（2）其业务对象不同，虽然中央银行的负债业务也有存款，但其存款对象主要有两类：一类是政府和公共机构，另一类是商业银行等金融机构。不同于商业银行以普通居民和企业为存款业务对象。

（3）其存款业务具有一定的强制性。不同于商业银行的存款自愿原则，法律要求商业银行必须在中央银行存有一定量的存款准备金，具有强制性。

7. 答案要点：中央银行与商业银行的业务关系可以从中央银行的职能入手来考虑，主要有以下几方面内容：

（1）中央银行集中保管商业银行的准备金。各商业银行均在中央银行开立准备金存款账户用来存放法定准备金和超额准备金。

（2）中央银行充当商业银行的最后贷款者。当商业银行资金周转不灵，同时同业头寸过紧时，可以向中央银行申请再贴现或再贷款，以获取所需资金。此时中央银行成为商业银行的最后贷款人，保证了存款人和银行营运的安全。

（3）中央银行为商业银行的支付结算提供清算服务。由于各家商业银行均在中央银行开立有存款账户，因此各银行间的票据交换和资金清算业务就可以通过这些账户转账和划拨。

（4）多数的中央银行还负有监督和管理商业银行的职责。为保证金融体系的稳定和健康发展，许多国家的中央银行都负有监督和管理商业银行的职责，对商业银行的市场准入、退出、以及日常业务进行监管。

8. 答案要点：中央银行的独立性是指中央银行履行自身职责时法律所赋予或实际拥有的权力、决策、行动的自主程度。中央银行的独立性问题较集中地反映在中央银行与政府的关系上，一方面中央银行应与政府保持一定的独立性，另一方面中央银行又不能完全脱离政府，因而中央银行的独立性只能是相对的。

中央银行应与政府保持一定的独立性，以避免来自政府的干预，这是因为：（1）中央银行与政府的行为目标不同；（2）避免出现"政治商业周期"；（3）中央银行对宏观经济的调控和对金融业的监督管理具有很强的专业性和技术性；（4）避免货币的赤字化发行；（5）中央银行必须具有一定的独立性，是维护公众信心的一个必要条件。

中央银行又不能完全脱离政府，中央银行的独立性是相对的，主要原因有：（1）中央银行的政策目标不能背离国家总体经济发展目标；（2）货币政策是整个国家宏观经济政策的一部分，货币政策的实施应与财政政策等其他政策相配合；（3）中央银行具有国家管理机关的性质，在有些国家，中央银行直接就是政府的组成部分，中央银行的主要负责人也大多由政府委任。

（七）论述题

1. 答案要点：中美两国中央银行资产负债表中资产项目构成比例

上的差别反映了两国央行货币投放渠道及主要货币政策操作工具的不同。

（1）中国的基础货币投放渠道中，中国人民银行通过买入外汇而投放的货币占有非常大的比例。这与中国的外汇体制实行结售汇制度紧密相连，国际收支中顺差产生的外汇全部要由中国人民银行发行货币来买入。美国的中央银行就没有这一任务。

（2）美国中央银行的资产负债表中，最主要的资产项目是财政部证券，这是美联储大量进行公开市场业务操作的结果。这种资产结构反映了美国金融市场高度发达和美联储以公开市场业务为主要货币政策工具的特征。中国的金融市场比较落后，可供央行进行公开市场操作的证券数量少，央行公开市场业务操作较少，资产项目中的证券类资产也就较少。

第八章　货币需求

一、内容摘要

人们对货币需求的研究主要围绕着三个问题：一是人们的持币动机，即人们为什么需要持有货币；二是决定或影响货币需求的因素；三是货币需求量的变动对实际经济生活的影响。本章将对这些问题进行介绍。

（一）货币需求的内涵

1. 货币需要和货币需求

货币需要是指经济主体主观上希望自己拥有的货币量；而货币需求则指经济主体在某一时点上能够拥有的货币量，它必须同时包括两个基本要素：一是人们希望持有的货币量；二是人们有能力得到的货币量。

2. 微观货币需求和宏观货币需求

微观货币需求是指单个个体在一定时点上对货币有能力的意愿持有量。宏观货币需求是指一个社会或一个国家在一定时期，由于经济发展和商品流通所产生的对货币的需要。

3. 名义货币需求和实际货币需求

名义货币需求是指经济主体在不考虑商品价格变动情况下的货币意愿持有量。实际货币需求则指经济主体在扣除物价因素的影响后所需要的货币量，这种需求只能用货币的实际购买力来衡量。

$$实际货币需求 = \frac{名义货币需求}{一般物价水平}$$

（二）货币需求的决定因素

1. 收入

一是收入的数量。一般来说，收入水平越高，人们的货币需求越大；反之亦然。二是收入的时间间隔。收入的时间间隔越长，人们的货币需求越大。

2. 利率

在市场经济下，利率与货币需求负相关。

3. 汇率

在开放经济下，一国相对于另一国的货币贬值，即汇率上升容易引起货币替代发生，使对贬值的货币的需求减少，相应地，对升值的货币需求则增加。

4. 商品经济的发达程度

价格一定时，商品经济越发达，要求交换的商品数量越大，对作为交易媒介和支付手段的货币需求越大；反之亦然。

5. 价格水平

当商品数量和货币流通速度一定时，商品或劳务的价格水平越高，用于商品交易媒介的货币需要量越大，社会和个人的货币需求量也越大；反之亦然。

6. 货币流通速度

当其它条件不变时，货币流通速度越快，则货币需求越少；相反，货币流通速度越慢，则货币需求越大，二者呈反比例。

7. 信用

信用制度越发达，人们的货币持有量会越少。

8. 心理预期与偏好

货币需求除了受上述各种客观因素影响外，还受到人们对未来经济预期和心理活动的影响。

（三） 西方货币需求理论

1. 传统货币数量论

传统货币数量论的核心思想：在其它条件不变的条件下，一国的货币数量决定着该国的货币价值和物价水平，即货币数量增加，单位货币价值下降，而物价水平上升。

在传统货币数量论的发展过程中，最具代表性、同时也是最有影响的理论有两个：欧文·费雪的现金交易说和阿尔弗雷德·马歇尔的现金余额说。

2. 凯恩斯的货币需求理论

凯恩斯认为人们对货币需求的实质是对其流动性的偏好。凯恩斯进一步认为，人们持有货币主要出于三种动机：交易动机、预防动机和投机动机。其中前两种动机所产生的货币需求是收入的递增函数，后一种动机所产生的货币需求是利率的递减函数。

与传统货币数量论相比较，凯恩斯的货币需求理论把货币总需求划分为出于各种动机的货币需求，在方法论上即是对传统货币理论的突破，又开启了后人的研究思路。但凯恩斯的货币需求理论中的一些观点受到了鲍莫尔（W. J. Baumol）、惠伦（E. L. Whalen）、詹姆斯·托宾（James Tobin）等人的质疑，他们对凯恩斯货币需求理论进行了发展和完善。

美国经济学家鲍莫尔运用存货理论第一次深入分析了交易性货币需求与利率的关系，提出了著名的平方根公式。它表明，交易性货币需求与收入和债券的交易费用成正相关，而与利率成负相关。

惠伦考察了预防性货币需求与利率的相关性，提出了立方根公式。它表明，最佳的预防性货币持有量既与收入有关，又与利率相关。

美国著名经济学家詹姆斯·托宾提出了资产选择理论，这是对凯恩斯投机性货币需求理论的发展。托宾认为，作为各种金融资产中的一种，人们之所以愿意持有货币而非生息证券，是因为人们进行资产选择的原则是预期效用的最大化。在资产选择中，效用受到两个因素的影响：财富和风险。

3. 现代货币数量说

20 世纪 50 年代后期，美国芝加哥大学经济学教授米尔顿·弗里德曼提出现代货币数量论。他将人们的资产选择行为范围进一步扩大，认为影响货币需求的因素可分为四类：（1）总财富，（2）人力财富和非人力财富的比例，（3）货币和其它资产的预期收益，（4）诸如人口、技术、制度、个人偏好等其他因素。

根据其理论，弗里德曼的货币需求函数可简化为：$\frac{M}{P} = f(y, i)$

其中，y 等于 $\frac{Y}{P}$，表示实际收入，它可以用恒久性收入代替，因此是基本稳定的。i 表示市场利率。弗里德曼通过实证分析发现，利率变动对实际货币需求的影响非常小。由此，弗里德曼得出了其货币需求理论中一个最重要的结论：货币需求是稳定的，从而对货币数量论进行了重新表述。

二、学习目标

◆ 掌握货币需求的主要决定因素。

◆ 掌握现金交易数量说、现金余额数量说、凯恩斯货币需求理论、现代货币数量说的主要内容。

◆ 理解货币需求的内涵，传统货币数量论、凯恩斯货币需求理论与现代货币数量论三个理论的异同。

◆ 了解凯恩斯货币需求理论的发展。

三、习　题

（一）填空题

1. 收入状况对货币需求的决定作用具体表现在两方面：一是

_____；二是_____。

2. 根据传统货币数量理论，货币数量的变动必然引起_____作同方向的变动。

3. 现金交易说的代表人物是美国经济学家_____，他提出的交易方程式为_____。

4. 现金余额说是由剑桥学派的创始人_____首先提出，著名的剑桥方程式为_____。

5. 在剑桥方程式中，k 表示的是_____的比例。

6. 凯恩斯将人们持有货币的动机分为三种，即 _____、_____、_____。

7. 根据凯恩斯货币需求理论，当收入水平上升时，_____动机和_____动机的货币需求会增加。

8. 托宾认为人们资产选择的原则不是预期收益的最大化，而是_____的最大化。

9. 在弗里德曼货币需求理论中，被作为货币需求决定因素的收入是一种_____收入。

10. 货币数量论是西方货币理论中流传最广、影响最大的一种经济理论，它主要研究货币数量、货币价值以及_____三者的关系。

11. 在凯恩斯货币理论中，货币的作用是执行货币的_____和_____职能。

12. 20 世纪 50 年代初，美国经济学家鲍莫尔运用存货理论第一次深入分析了_____与利率的关系。

13. 惠伦的立方根公式考察了_____与利率的相关性。

14. 托宾的资产选择理论是对凯恩斯的_____货币需求理论的重大发展。

（二）单项选择题

1. 当其他条件不变时，收入的时间间隔越长，人们的货币需求_____。

A. 越大　　　　B. 越小　　　　C. 不变　　　　D. 不一定

2. 在开放经济下，一国相对于另一国的货币贬值，在其他条件不变的情况下，人们对贬值货币的需求会_____。

A. 增加　　　　B. 减少　　　　C. 不变　　　　D. 不一定

3. 当其他条件不变时，人们预期未来物价水平将上升，则当前对货币的需求会_____。

A. 增加　　　　B. 减少　　　　C. 不变　　　　D. 不一定

4. 传统货币数量论忽略的研究是_____。

A. 货币流通速度　　　　　　　B. 利率

C. 货币数量　　　　　　　　　D. 物价

5. 在现金交易说中，货币的职能定位为_____职能。

A. 价值尺度　　B. 交易媒介　　C. 价值储藏　　D. 支付手段

6. 现金交易说认为货币流通速度是_____。

A. 在短期内变动较快　　　　　B. 不稳定

C. 短期相对不变　　　　　　　D. 在长期内变动较快

7. $M = kPy$ 是属于_____的理论

A. 现金交易说　　　　　　　　B. 现金余额说

C. 可贷资金说　　　　　　　　D. 流动性偏好说

8. 费雪在交易方程式中假定_____。

A. M 和 V 短期内稳定　　　　B. T 和 P 短期内稳定

C. P 和 V 短期内稳定　　　　D. T 和 V 短期内稳定

9. 剑桥方程式中的 M 研究的是_____。

A. 执行价值尺度职能的货币　　B. 执行流通手段职能的货币

C. 执行价值储藏职能的货币　　D. 执行支付手段职能的货币

10. 费雪交易方程式中关于货币数量和物价水平关系的结论是_____。

A. 货币数量是果、物价水平是因

B. 货币数量是因、物价水平是果

C. 货币数量和物价水平互为因果

D. 货币数量和物价水平没有因果关系

11. 现金交易说和现金余额说的相同之处在于_____。

    A. 把物价变动作为货币数量变动的原因

    B. 把货币数量作为物价变动的原因

    C. 都认为物价水平与货币存量反方向同比例变化

    D. 都把货币数量确认为某一时期的货币流动速度

12. 凯恩斯把用于贮存财富的资产划分为_____。

    A. 货币与债券 B. 股票与债券 C. 现金与存款 D. 储蓄与投资

13. 凯恩斯认为，人们之所以需要货币是因为货币_____。

    A. 是最好的价值储藏手段   B. 具有最强的流动性

    C. 是最好的金融资产   D. 可以满足人们的投资需求

14. 在凯恩斯货币需求理论中，满足投机性货币需求而持有货币执行的是货币_____职能。

    A. 价值尺度   B. 交易媒介   C. 价值储藏   D. 支付手段

15. 凯恩斯的货币需求函数非常重视_____。

    A. 恒久收入的作用   B. 货币供应量的作用

    C. 利率的作用   D. 汇率的作用

16. 凯恩斯认为，债券的市场价格与市场利率_____。

    A. 正相关   B. 负相关   C. 无关   D. 不一定

17. 凯恩斯货币需求理论中，受利率影响的货币需求是_____。

    A. 交易性货币需求   B. 预防性货币需求

    C. 投机性货币需求   D. 谨慎性的货币需求

18. 根据凯恩斯的货币需求理论，当预期利率上升时，人们就会_____。

    A. 抛售债券而持有货币   B. 抛出货币而持有债券

    C. 只持有货币   D. 只持有债券

19. 凯恩斯的货币需求理论认为，预防动机和交易动机的货币需求主要取决于_____。

    A. 利率   B. 货币流通速度

    C. 物价   D. 收入

20. 流动性陷阱是指_____。

A. 人们普遍预期利率将上升时，愿意持有货币而不愿意持有债券

B. 人们普遍预期利率将上升时，愿意持有债券而不愿意持有货币

C. 人们普遍预期利率将下降时，愿意持有货币而不愿意持有债券

D. 人们普遍预期利率将下降时，愿意持有债券而不愿意持有货币

21. 凯恩斯的货币需求理论认为，货币流通速度是_____。

A. 不变　　　　　　　　　B. 短期内变动，长期内稳定

C. 剧烈波动　　　　　　　D. 不稳定

22. 下列关于凯恩斯的流动性偏好理论说法不正确的是_____。

A. "流动性偏好"实质上是一种心理法则

B. 凯恩斯认为利率只与投机需求有关，而与预防需求和交易需求无关

C. 凯恩斯的政策主张是自由经济

D. 凯恩斯认为财政政策是最有效的

23. 从鲍莫尔的模型可得，下列变量与实际平均交易余额无关的是_____。

A. 利率　　　B. 偏好　　　C. 手续费　　　D. 收入

24. 托宾的资产选择理论是对凯恩斯_____货币需求理论的发展。

A. 交易性　　　B. 预防性　　　C. 投机性　　　D. 谨慎性

25. 凯恩斯的投机性货币需求认为，人们要么持有货币，要么持有债券。托宾克服了这个缺陷，认为除了预期回报率外，_____对货币需求也很重要。

A. 资本利得　　　B. 机会成本　　　C. 利率　　　D. 风险

26. 弗里德曼货币需求函数中的收入是指_____。

A. 当期收入　　B. 过去的收入　　C. 未来的收入　　D. 恒久性收入

27. 弗里德曼的货币需求函数非常强调_____对货币需求的重要

影响作用。

    A. 货币数量　　　　　　　B. 恒久性收入

    C. 预期物价变动率　　　　D. 固定收益的债券利息

28. 弗里德曼的货币需求函数的主要特点是_____。

    A. 强调利率对货币需求的主导作用

    B. 强调收入预算对货币需求的主导作用

    C. 强调恒久性收入对货币需求的主导作用

    D. 强调物价水平对货币需求的主导作用

29. 弗里德曼认为当人力财富在总财富中所占比例较高时，人们的货币需求会相应_____。

    A. 增加　　　B. 减少　　　C. 不变　　　D. 不确定

30. 根据货币数量论，将货币供应量削减三分之一，会导致_____。

    A. 货币流通速度提高三分之一　B. 交易总量削减三分之一

    C. 物价水平下跌三分之一　　　D. 物价水平提高三分之一

（三）多项选择题

1. 在传统货币数量论的发展过程中，最具代表性，同时也是最有影响的理论有_____。

    A. 惠伦的立方根公式

    B. 托宾的资产选择理论

    C. 现金交易说

    D. 现金余额说

    E. 凯恩斯的流动性需求理论

2. 费雪认为货币流通速度是由制度因素决定的。具体地说，它取决于_____。

    A. 通讯条件　　　　B. 运输条件　　　　C. 信用发达程度

    D. 人口密度　　　　E. 人们的支付习惯

3. 马歇尔认为，在一般情况下，人们会将其财产和收入_____。

    A. 以货币形式持有获得利益

B. 进行投资获得收益

C. 用于消费获得享受

D. 以实物形式持有

E. 以有价证券形式持有

4. 凯恩斯认为，人们持有货币的动机有_____。

A. 投资动机　　　　B. 消费动机　　　　C. 交易动机

D. 预防动机　　　　E. 投机动机

5. 下列理论中，对凯恩斯货币需求理论进行发展的是_____。

A. 鲍莫尔的平方根公式

B. 惠伦的立方根公式

C. 托宾的资产选择理论

D. 资本资产定价模型

E. 现金余额说

6. 鲍莫尔认为影响最优交易性货币需求的主要因素是_____。

A. 持有现金的机会成本

B. 收入水平

C. 进行债券投资的交易费用

D. 收支的变化情况

E. 未来收入的预期

7. 根据平方根公式，交易性货币需求_____。

A. 是利率的函数

B. 与利率同方向变化

C. 与利率反方向变化

D. 变动幅度比利率变动幅度小

E. 变动幅度比收入变动幅度大

8. 弗里德曼认为，影响货币需求的因素有_____。

A. 总财富

B. 人力财富和非人力财富的比例

C. 人们持有货币和其它资产的预期收益

D. 制度

E. 个人偏好

9. 现代货币数量论认为，在众多影响货币需求的因素中，与货币需求成正相关的是_____。

A. 总财富

B. 非人力财富与人力财富的比例

C. 股票的预期收益率

D. 货币的预期收益率

E. 实物资产的预期收益率

10. 弗里德曼货币需求函数中的机会成本变量有_____。

A. 恒久收入

B. 实物资产的预期名义收益率

C. 债券的预期名义收益率

D. 股票的预期名义收益率

E. 各种有价证券

11. 弗里德曼认为货币需求是稳定的，是因为从实证的研究中他得出_____。

A. 利率的变动是稳定的

B. 利率经常波动，但货币需求的利率弹性很低

C. 货币需求的收入弹性很高，但恒久收入本身稳定

D. 货币需求不受利率和收入的影响

E. 货币需求受人力财富和非人力财富的影响

12. 研究货币需求的微观模型有_____。

A. 马克思的货币必要量公式

B. 费雪方程式　　　C. 剑桥方程式

D. 凯恩斯函数　　　E. 平方根公式

（四）判断题

1. 一般而言，市场利率上升，意味着人们持有货币的机会成本下降。（　　）

2. 当其他条件不变时，货币流通速度越大，则货币需求越少。（　　）

3. 价格一定时，商品经济越发达，要求交换的商品数量越大，对作为交易媒介和支付手段的货币需求越小。（　　）

4. 信用制度越发达，人们对货币的需求减少。（　　）

5. 收入不变，如果人们的持币需求增大了，货币的流通速度就放慢。（　　）

6. 由于货币不是实际的生产要素，货币量过多或过少不会对经济产生实质性影响。（　　）

7. 费雪认为 $PT = MV$ 中的 V 是长期固定不变的常数。（　　）

8. 现金交易说主要从宏观视角出发，研究全社会的货币需求量，而现金余额说则是一种微观货币需求理论，注重分析微观经济主体的货币需求动机。（　　）

9. 现金交易理论将货币作为一种资产，货币需求实质成为一种资产选择行为，而在现金余额理论中，货币的职能被唯一固定在交易媒介或流通手段上。（　　）

10. 在凯恩斯的货币需求理论中，货币流动速度 V 是稳定的。（　　）

11. 凯恩斯认为交易动机产生的主要原因在于人们的收入与支出具有不同步性。（　　）

12. 凯恩斯认为，预防性货币需求与利率水平正相关。（　　）

13. 凯恩斯的后继者认为，交易性货币需求的变动幅度小于利率的变动幅度。（　　）

14. 弗里德曼认为，人力财富占个人总财富的比重与货币需求负相关。（　　）

15. 弗里德曼的现代货币数量说是在批判凯恩斯流动性偏好理论基础上对传统货币数量论的继承和发展。（　　）

16. 弗里德曼把许多资产都视作货币的替代物。（　　）

17. 弗里德曼把货币的流通速度看成常数。（　　）

18. 在凯恩斯和弗里德曼的货币需求函数中，收入变量是一样的。（　　）

19. 弗里德曼认为利率变动对货币需求影响极小，而凯恩斯则认为利率是影响货币需求的重要因素。（　　　）

（五）名词解释

1. 货币需求

2. 微观货币需求

3. 宏观货币需求

4. 名义货币需求

5. 实际货币需求

6. 恒久性收入

（六）问答题

1. 人们为什么需要持有货币？

2. 决定货币需求的主要因素有哪些？

3. 现金交易说与现金余额说的主要思想是什么？它们之间有何差异？

4. 简述凯恩斯货币需求理论的主要内容和凯恩斯对货币需求理论发展的贡献。

5. 试述弗里德曼货币需求理论。

6. 现代货币数量论与凯恩斯货币需求理论有何异同？

7. 为什么称现代货币数量论是对"货币数量论的重新表述"？两者有何不同？

8. 货币主义者为什么认为货币需求的利率弹性很低？

9. 试简述传统货币数量论，凯恩斯理论及现代货币数量论在货币流通速度问题上的不同观点。

（七）论述题

1. 如何理解流动性偏好理论及其政策主张？

四、参考答案

（一）填空题

1. 收入的数量、收入的时间间隔

2. 物价水平

3. 费雪、$PV = MV$

4. 马歇尔、$M_d = M_s = kPy$

5. 人们在其全部收入中愿意持有货币

6. 交易动机、预防动机、投机动机

7. 交易、预防

8. 预期效用

9. 恒久性

10. 物价水平

11. 交易媒介、价值贮藏

12. 交易性货币需求

13. 预防性货币需求

14. 投机性

（二）单项选择题

1-5 A B B B B 6-10 C B D C B

11-15 B A B C C 16-20 B C A D A

21-25 D C B C D 26-30 D B C A C

（三）多项选择题

1. CD 2. ABCDE 3. ABC 4. CDE 5. ABC

6. ABC 7. ACD 8. ABCDE 9. AD 10. BCD

11. BC 12. CDE

（四）判断题

1. ×　2. √　3. ×　4. √　5. √　6. ×　7. ×　8. √　9. ×　10. ×

11. √　12. ×　13. √　14. ×　15. √　16. √　17. ×　18. ×　19. √

（五）名词解释

1. 货币需求：指经济主体在某一时点上能够拥有的货币量，它必须同时包括两个基本要素：一是人们希望持有的货币量；二是人们有能力得到的货币量。

2. 微观货币需求：指单个个体（包括个人、企业和政府）在一定时点上对货币有能力的意愿持有量。

3. 宏观货币需求：指一个社会或一个国家在一定时期，由于经济发展和商品流通所产生的对货币的需求，也就是一定时期社会总供给对货币的总需求。

4. 名义货币需求：指经济主体在不考虑商品价格变动情况下的货币意愿持有量，即用单位货币来进行简单衡量的货币数量。

5. 实际货币需求：指经济主体在扣除物价因素的影响后所需要的货币量，这种需求只能用货币的实际购买力来衡量。

6. 恒久性收入：指过去、现在乃至将来一个相当长时期中的平均收入水平。

（六）问答题

1. 答案要点：（1）人们之所以需要持有货币是因为货币有用。货币的有用性集中体现在其三大基本职能：价值尺度、流通手段和支付手段。（2）价值尺度产生了人们持有货币的第一个动机：价值贮藏的货币需求。（3）流通手段和支付手段产生了人们持有货币的第二种动机—交易媒介的货币需求。（4）在现实生活中，作为价值贮藏的货币需求与作为交易媒介的货币需求两者往往是相辅相成、相互交融的。

2. 答案要点：决定货币需求的主要因素有以下几个：

（1）收入。一是收入的数量。一般来说，收入水平越高，人们的货币需求越大。二是收入的时间间隔。收入的时间间隔越长，人们的货币需求越大。

（2）利率。在市场经济下，利率与货币需求负相关。

（3）汇率。在开放经济下，一国相对于另一国的货币贬值，即汇率上升容易引起货币替代发生，使对贬值货币的需求减少。

（4）商品经济的发达程度。价格一定时，商品经济越发达，要求交换的商品数量越大，对作为交易媒介和支付手段的货币需求越大。

（5）价格水平。当商品数量和货币流通速度一定时，商品或劳务的价格水平越高，用于商品交易媒介的货币需要量越大，社会和个人的货币需求量也越大。

（6）货币流通速度。当其它条件不变时，二者呈反比例，货币流通速度越大，则货币需求越少。

（7）信用。信用制度越发达，人们的货币持有量会越少。

（8）心理预期与偏好。

3. 答案要点：（1）现金交易说的代表人物费雪从货币的交易媒介职能出发，认为在一定时期内，一个社会的商品交易总额等于一般物价水平乘以全部商品交易量，即：

$$PT = MV$$

其中，交易方程式中的货币流通速度 V 是由制度等因素决定，长期是稳定的。商品交易量 T 取决于非货币因素，如资本、劳动、自然资源、生产技术水平等。且在古典经济学中，由于经济总能保持在充分就业状态，则在短期中商品交易总量是很难变动的。因此，根据交易方程式可知，"货币量增加所产生的正常影响，就是引起一般物价水平的完全同比例的上升。"

（2）现金余额说认为对货币需求的分析应放弃传统的制度决定社会货币需求的观点，而应将研究重心转到剖析微观经济主体持有货币的动机上。它提出了著名的剑桥方程式：

$$M_d = M_s = kPy$$

其中，k 表示人们在其全部收入中愿意持有货币的比例，又称为"马歇尔的 k"。该方程式表明，人们的货币需求大小应同时决定于三个因素：k、P 和 y。但在剑桥学派看来，由于社会始终处于充分就业状态，因此 y 在短期内保持不变，如果 k 也不变，则 P 必然随着 M_s 的变动而作同方向、同比例变动。

（3）两种学说的差异主要体现在：①研究方法不同。现金交易说主要从宏观视角出发，研究全社会的货币需求量。而现金余额说则是一种微观货币需求理论，注重分析微观经济主体的货币需求动机。②对货币职能与作用的认识不同。在现金交易说中，货币的职能是交易媒介或流通手段。现金余额说是将货币作为一种资产，因此对货币需求实质上是一种资产选择行为。这一点正是两种理论的最大区别之所在。③k 与 V 的经济含义完全不同。货币流通速度 V 是货币交易媒介职能的反映。在现金余额说中，k 值是人们的资产选择系数，它意味着人们有选择货币数量的自由。

4. 答案要点：（1）凯恩斯认为人们之所以需要货币，是因为货币具有最高的流动性，因此，人们对货币的需求其实质是对其流动性的偏好。

（2）凯恩斯进一步认为，人们持有货币主要出于三种动机：①交易动机，即人们为了保证日常交易的顺利进行而必须保留一部分货币（现金）愿望，由此决定的交易性货币需求是收入的递增函数。②预防动机，即人们为应付意外情况发生而产生的持有货币的愿望，据此产生的货币需求即为预防性货币需求，它是收入的递增函数。③投机动机，即人们为了在未来的某一适当时机进行投机活动而产生的持有货币的愿望，由这种愿望产生的货币需求是投机性货币需求，它是利率的递减函数。

（3）与传统货币数量论相比较，凯恩斯对货币需求理论发展的贡献体现在三个方面：

一是方法论。凯恩斯把货币总需求划分为出于各种动机的货币需求，这既是对传统货币理论的突破，又开启了后人的研究思路。

二是投机性货币需求。投机性货币需求的存在决定了货币总需求的可变性，进而决定着货币流通速度的可变性。这否定了现金交易说的基本前提，也动摇了传统货币数量论的基础。

三是流动性陷阱。在流动性陷阱情形下，人们对货币的需求变得无限大。此时，货币当局如果想通过增加货币供给以刺激投资的扩张性货币政策将收效甚微，这有着丰富的政策含义。

5. 答案要点：（1）弗里德曼将人们的资产选择行为范围进一步扩大，认为影响货币需求的因素可分为四类：①总财富。总财富越多，货币需求就越多。总财富的估计，弗里德曼引入了恒久性收入，这在短期中是基本稳定的。②人力财富和非人力财富的比例。人力财富在总财富中所占的比例越大，人们对货币的需求必然会越多。③货币和其他资产的预期收益。货币需求量与持有货币的预期收益成正比，与债券、股票和实物资产为代表的其它资产的预期收益率成反比。④其他因素。

（2）在短期内，人力财富和非人力财富的比例和其他因素是不会发生多大变化的。货币的预期收益率 r_m、债券的预期收益率 r_b 和股票的预期收益率 r_e，它们都受市场利率制约，因此货币需求可以归结为一个变量——市场利率 i。因此，弗里德曼的货币需求函数可简化为：

$$\frac{M}{P} = f(y, \ i)$$

其中，y 等于 $\frac{Y}{P}$，为恒久性收入，是基本稳定的。i 表示市场利率。弗里德曼通过实证分析发现，利率变动对实际货币需求的影响非常小。由此，弗里德曼得出了其货币需求理论中的一个最重要结论：货币需求是稳定的，从而对传统货币数量论进行了重新表述，亦被称为"现代货币数量说"。

6. 答案要点：（1）相同点。从分析思路看，两种理论都采用了资产选择分析法。从货币需求函数的形式上看，两者都将货币需求的最终决定因素定位在收入和利率上。

（2）不同点。一是在资产选择范围上，凯恩斯对资产进行了简单的两分法：货币和债券。而现代货币数量论扩大了资产选择的范围，认为债券、股票甚至实物资产都是货币的替代品。二是凯恩斯并没有考虑实物资产对货币的替代问题，这样货币需求的变动就只与收入和利率相关，而不会对总支出发生直接作用。相反，现代货币数量说强调实物资产对货币的替代作用，其结论是，货币需求的变动可能直接影响实物资产，也就是总支出。三是在利率是否是影响货币需求的因素上观点不同。凯恩斯认为持有货币的预期收益率为零，利率变动对货币需求的影响是直接且显著的。相反，现代货币数量说认为当利率上升时，银行为扩大贷款以获取更多利润必然引起对存款的争夺。这种争夺无论是直接提高利率，还是改善服务质量，对存款户来说，都意味着货币收益率的提高。因此，利率上升一方面引起债券、股票等其它资产收益增加，另一方面也引起货币预期收益增加，二者对货币需求的正负影响抵消后，货币需求函数将保持相对不变。这样，弗里德曼最终否定了凯恩斯有关利率变动影响货币需求的观点。四是在收入因素上，现代货币数量说引入"恒久收入"替代一般意义上的收入。从这一概念出发，弗里德曼推理出货币需求的可预测性和相对稳定性，而这又决定了货币流通速度的可预测性和相对稳定性，进而得出了"货币供给量的变化只会影响物价水平"这一结论。

7. 答案要点：（1）现代货币数量论认为货币需求是相对稳定的，而这又决定了货币流通速度的可预测性和相对稳定性，因此也得出了与传统货币数量论一样的结论，即货币供给量的变化只会影响物价水平。于是弗里德曼将自己的货币需求理论冠之以"货币数量论"，并认为是对"货币数量论"的重新表述。

（2）现代货币数量论与传统货币数量论的区别。

一是弗里德曼的货币需求理论更具实用性，因为其货币需求研究的目的是要在全面批判凯恩斯主义政策主张的基础上，为货币当局执行货币政策提供理论依据与政策规则。

二是传统货币数量论直接假定货币流通速度为一个固定的常数，现代货币数量论认为，货币流通速度并非如凯恩斯所言，是一个变动无常的数，而是一个稳定的、可以预测的变量。

三是现代货币数量论放弃了传统货币数量论所认为的，由于经济始终处在充分就业状态，实际国民收入永远不变，从而价格变化必然与货币供给的变化保持完全同步的观点。相反，现代货币数量论认为，货币数量的变化在短期内是可以造成实际国民收入变化的，因此，货币供给的变化并不一定完全通过物价水平表现出来，两者变动的比例必须视其它条件而定。

8. 答案要点：货币主义者的货币需求公式表述如下：

$$\frac{M}{P} = f(r_m, \ r_b, \ r_e, \ \frac{1}{P} \cdot \frac{\mathrm{d}P}{\mathrm{d}t}, \ w, \ \frac{Y}{P}, \ u)$$

式中，$\frac{M}{P}$ 是对货币余额的需求，w 是非人力财富与人力财富的比例，$\frac{Y}{P}$ 称为恒久收入，r_m 是货币的预期回报率，r_b 是债券的预期回报率，r_e 是股票的预期回报率，$\frac{1}{P} \cdot \frac{\mathrm{d}P}{\mathrm{d}t}$ 是实物资产的预期变动率。

在货币主义者看来，货币需求之所以对利率不敏感，是因为利率的变动对于货币需求函数中的各机会成本影响很小。利率的上升一方面引起其他资产的预期回报率增加，另一方面在利率上升时，银行为扩大贷款以获取更多利润必然引起对存款的争夺。这种争夺无论是直接提高利率，还是改善服务质量，对存款户来说，都意味着货币收益率的提高。因而两者抵消后，货币需求函数中各项机会成本保持相对不变，则货币需求不会发生变化。

9. 答案要点：传统货币数量论认为一国货币流通速度受社会制度、个人习惯及技术发展的影响，是一个不变的常数，凯恩斯则认为货币流通速度是一个受利率变动影响的变数，由于利率不断变动，因此货币流通速度是不稳定的，而弗里德曼则认为一国的货币流通速度既不是一个常数，也不是一个变数，而是一个受多种变量影响的稳定的函数。由于人们的货币需求主要受人们的恒久性收入的影响，因此一国的货币流通速度是基本稳定的。

（七）论述题

1. 答案要点：（1）流动性偏好理论的主要内容。凯恩斯认为人们持有货币的动机主要有交易动机、预防动机和投机动机。交易动机和预防动机的货币需求是收入的增函数。投机动机的货币需求是市场利率的减函数，从而得到货币需求的函数：$M_d = L(Y, i)$。根据凯恩斯的分析，每个人心中都有一个正常利率，人们通过对比心中的正常利率，预期市场利率的升降。一般情况下，市场利率与债券价格成反向变动。当市场利率较低，人们预期利率将上升时，则抛售债券而持有货币；反之则抛出货币而持有债券。当利率降低到一定程度时，整个经济中所有的人都预期利率将上升，从而所有的人持有货币而不愿持有债券，投机动机的货币需求将趋于无穷大。若中央银行继续增加货币供给，将如数被人们无穷大的投机动机的货币需求所吸收，从而利率不再下降，这种极端情况即所谓的"流动性陷阱"。

（2）流动性偏好理论的重要意义是：将利率作为影响货币需求的重要因素，通过利率将货币供求与商品总供求联接起来，从而分析货币市场的供应变化是如何影响商品市场供求变化的。其政策意义在于：在整个社会有效需求不足、经济疲软、就业不足的情况下，一国的货币当局完全可以通过扩大货币供应量，降低利率，诱使企业家扩大投资和出口，刺激人们消费，减少其货币需求，从而增加产出和就业，对国民收入产生影响。而在利率降至某一水平的"流动性陷阱"区域，货币供应无论怎样增加，都会被流动性偏好所吸收，从而使货币当局企图通过增加货币供应降低利率刺激投资的政策完全失效，这时适时地启动财政政策是必要的。相反在整个社会总需求过大，经济过热，出现严重通货膨胀时，货币当局完全可以通过减少货币供应量，提高利率，来使经济回归到理性状态。

第九章 货币供给

一、内容摘要

货币供给不仅是一个重要的货币理论问题，也是一个涉及货币控制和管理政策的重大实践问题。本章将主要介绍存款创造、货币供给模型、主要货币供给理论及货币控制等内容。

（一）货币的计量

简单来说，货币供给就是一个国家在一定时点上所拥有的货币存量。

1. 有关货币外延的争议

当今经济学界在货币外延问题上主要存在三种意见：

（1）窄口径的货币供给量（M_1）

窄口径的货币供给量等于银行系统以外的通货量（C）与一定时期活期存款余额（D）之和。

（2）宽口径的货币供给量（M_2）

弗里德曼从货币是购买力的暂栖所定义出发，认为货币供给量理应等价于窄口径的货币供给量与相对应时期的定期存款与储蓄存款的余额（T）之和。

（3）流动性口径的货币供给量（M_3）

流动性口径的货币供给量依据各种金融资产的流动性折算为通货，

再加总计算。

$$M_3 = M_1 + \sum \alpha_i A_i$$

$$\text{s.t.} : 0 < \alpha_i < 1$$

2. 货币当局的做法

在货币供给指标上，各国政府往往同时公布几种口径各不相同的货币。这就是著名的"货币的定义体系"。概括来说，M_1一般包括流通中的现金和活期存款，M_2在M_1的基础上再加上定期存款，M_3等则进一步将一些证券与票据纳入货币范围。

（二）存款创造

1. 存款准备金与存款准备金比率

存款准备金是商业银行在吸收存款后，以库存现金或在中央银行存款的形式保留的、用于应付存款人随时提现的那部分流动资产储备。存款准备金比率就是存款准备金占商业银行存款总量的比率。

2. 原始存款与派生存款

原始存款与派生存款是与存款创造紧密相连的一对概念。所谓原始存款是指商业银行吸收的、能增加其准备金的存款。就单家商业银行而言，原始存款的增加并不仅是现金流入造成的，也可能是接收其他银行支票存款形成。派生存款是指商业银行用转账结算方式发放贷款或进行其他资产业务时所转化而来的存款。

3. 存款创造

在部分准备金制度和部分提现制度的前提下，单位存款可带来社会总存款的多倍增加，这就是存款创造。

（1）存款货币创造：最简单的情形

假设条件：银行没有任何超额准备金；没有现金从银行漏出；银行只开设活期存款账户，而不开设定期存款账户。显然，就商业银行体系而言，一笔贷款的发放必然引起多笔存款和多笔贷款的连锁发生。

存款创造乘数为：$d = \dfrac{1}{r_d}$。

银行体系的存款总额为：$\Delta D = \Delta R \times d = \Delta R \times \dfrac{1}{r_d}$。

（2）存款创造：复杂的情形

①假设银行有超额准备金

存款创造乘数为：$d = \dfrac{1}{r_d + e}$。

存款总额为：$\Delta D = \Delta R \times \dfrac{1}{r + e}$。

②假设银行贷款有现金漏出

存款创造乘数为：$d = \dfrac{1}{r + e + c}$。

存款总额为：$\Delta D = \Delta R \times \dfrac{1}{r + e + c}$。

③假设银行有定期存款

存款创造乘数为：$d = \dfrac{1}{r_d + e + c + r_t \times t}$。

存款总额为：$\Delta D = \Delta R \times \dfrac{1}{r_d + e + c + r_t \times t}$。

（三）货币供给的模型分析

1. 狭义货币 M_1 的供给模型

（1）简单的货币供给模型：仅含有活期存款

这种货币供给模型，类似于存款创造中的简单情形，因此，也有着类似的假设条件。具体包括：（1）假设社会公众不持有通货，所有交易完全通过银行支票进行转账；（2）假设商业银行只开设活期存款账户，而不开设定期存款账户；（3）假设商业银行不持有超额准备金。

$$M_1 = m_1 \times B = \dfrac{1}{r_d} \times B$$

（2）扩展一：含有通货与活期存款的货币供给模型

如果将简单货币供给模型中的第一个假设条件取消，则货币供给模型为

$$M_1 = m_1 \times B = \frac{c+1}{c+r_d} \times B$$

（3）扩展二：含有通货、活期存款与定期存款的货币供给模型

进一步取消简单货币供给模型中的第二个假设条件，以 R_d、R_t 分别表示活期存款的法定准备金与定期存款的法定准备金，则：

$$M_1 = m_1 \times B = \frac{c+1}{c+r_d+r_t \times t} \times B$$

（4）扩展三：含有通货、活期存款、定期存款与超额准备金的货币供给模型

最后，再取消简单货币供给模型中的第三个假设条件，则：

$$M_1 = m_1 \times B = \frac{c+1}{c+r_d+r_t \times t+e} \times B$$

2. 广义货币 M_2 的供给模型

由于广义货币 M_2 等于 M_1 再加上定期存款 T，以 m_2 代表与 M_2 对应的货币乘数，则：

$$M_2 = m_2 \times B = \frac{c+1+t}{c+r_d+r_t \times t+e} \times B$$

（四）西方当代货币供给理论

1. 弗里德曼—施瓦茨货币供给模型

弗里德曼和施瓦茨认为，现代社会的货币存量大致可分为两部分：一是货币当局的负债；二是银行的负债。

$$M = C + D$$

弗里德曼和施瓦茨将中央银行所能直接控制的货币称为"高能货币"。它由两部分构成：社会公众持有的通货和银行的准备金。

$$H = C + R$$

推导得：

$$M = H \times \frac{\dfrac{D}{R}(1+\dfrac{D}{C})}{\dfrac{D}{R}+\dfrac{D}{C}}$$

货币存量主要由三个因素共同决定：高能货币 H 、银行存款与其准备金之比 $\dfrac{D}{R}$ 和银行存款与社会公众持有的通货之比 $\dfrac{D}{C}$ 。其中，货币当局决定高能货币；银行决定银行存款与其准备金之比 $\dfrac{D}{R}$ ；社会公众决定银行存款与通货之比 $\dfrac{D}{C}$ 。因此，归根结底是货币当局在最终决定着整个社会的货币供给。

2. 卡甘货币供给模型

$$M = \dfrac{H}{\dfrac{C}{M} + \dfrac{R}{D} - \dfrac{C}{M} \times \dfrac{R}{D}}$$

其中 M 代表货币存量，H 代表高能货币，C 代表社会公众手中持有的通货，R 代表银行的准备金，D 代表银行的存款，$\dfrac{C}{M}$ 代表通货比率，$\dfrac{R}{D}$ 代表准备金比率。

3. 乔顿货币供给模型

乔顿货币供给模型考察的是狭义货币 M_1。该货币供给模型为：

$$M_1 = \dfrac{c + 1}{c + r_d + r_t \times t + e} \times B$$

（五）货币控制

货币供给模型表明，一个社会一定时期的货币总供给量主要决定于两个因素：基础货币和货币乘数。因此，所谓货币的控制，也就是基础货币的控制和货币乘数的控制。

1. 基础货币的控制

基础货币包括流通中的现金和银行准备金两部分，它表现为中央银行的负债。

资　　产	负　　债
A_1：证券	L_1：现金（包括通货和库存现金）
A_2：贴现和放款	L_2：银行存款

续表

资　　产	负　　债
A_3：财政借款或透支	L_3：财政存款
A_4：黄金、外汇和特别提款权	L_4：其它负债
A_5：在途资金	L_5：自有资本
A_6：其它资产	

$$B = L_1 + L_2 = (A_1 + A_2 + A_3 + A_4 + A_5 + A_6) - (L_3 + L_4 + L_5)$$

等式表明，在其它条件不变的情况下，中央银行资产增加多少就会引起基础货币增加多少；相反，中央银行负债的增加则会引起基础货币的等额减少。从理论上说，中央银行可以运用货币政策工具通过调整其资产或负债来控制基础货币，进而控制货币供给。但实际上，中央银行并不能完全自由地调控影响基础货币的因素，中央银行是在权衡各种因素的基础上部分有效地实现对基础货币的控制。

2. 货币乘数的控制

根据货币供给模型，货币乘数同时决定于五大因素：活期存款的法定准备金率 r_d、定期存款的法定准备金率 r_t、定期存款占活期存款的比率 t、超额准备金占活期存款的比率 e 和通货占活期存款的比率 c。

法定存款准备率主要取决于中央银行的货币政策意向、商业银行的存款负债结构和商业银行的规模与位置。定期存款比率主要取决于非银行部门的可支配收入、非银行部门持有定期存款的机会成本和定期存款利率。超额准备金比率 e 的大小由商业银行自己决定。通货占活期存款的比率受总财富、机会成本和金融创新的影响。

3. 货币供给控制

中央银行、商业银行和社会公众相互作用，最终共同决定全社会的货币供给。它们对货币供给的控制机制如下图所示。

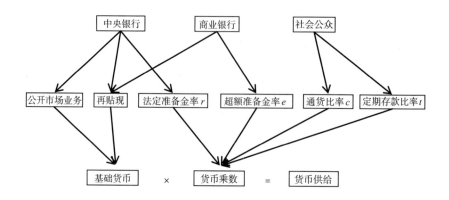

4. 货币供给的外生性和内生性

货币供给的外生性和内生性问题是一个与货币控制紧密相关而又争议颇大的问题。

货币的外生性指货币供给的变动完全由中央银行决定，而经济体系中的实际变量和微观经济主体只能被动适应货币供给的变动。

货币的内生性是指货币供给的变动，主要取决于经济体系中的实际变量（如收入、投资、储蓄、消费等）以及社会公众和商业银行等微观经济主体的经济行为，而非货币当局——中央银行的政策意愿，因此中央银行并不能有效控制货币供给。

货币供给的外生性和内生性观点的对立或差异主要源自不同的研究视角与层次，但值得注意的是，无论是货币供给外生论者，还是内生论者，他们的理论观点都是为其货币政策主张服务的。

二、学习目标

◆ 掌握存款货币的创造过程，货币 M_1 与 M_2 供给模型。

◆ 深刻理解货币供给的内生性与外生性。

◆ 了解弗里德曼—施瓦茨货币供给模型、卡甘货币供给模型及乔顿货币供给模型。

三、习 题

（一）填空题

1. 在现代信用货币制度下，货币主要采取两种形态：_____
和_____。

2. 基础货币又称高能货币，它由商业银行的_____和流通中的
_____的构成。

3. 定期存款占活期存款的比率变动主要决定于_____的资产选
择行为。

4. 货币供给量是由_____、_____及_____这三个经济主
体的行为共同决定的。

5. 货币乘数也称货币扩张倍数，是用于说明_____与_____
之间的倍数关系。

6. 根据现代货币供给理论，货币存量是_____与_____之积。

（二）单项选择题

1. 各国中央银行确定货币供给口径的依据是_____。
   A. 流动性　　　B. 安全性　　　C. 效益性　　　D. 周期性

2. 我国货币层次划分中 M_0 指流通中的现金，也即_____。
   A. 商业银行库存现金　　　　B. 存款准备金
   C. 公众持有的现金
   D. 金融机构与公众持有的现金之和

3. 流通中现金加企事业单位活期存款构成_____。
   A. M_0　　　　B. M_1　　　　C. M_2　　　　D. M_3

4. M_1加企事业单位定期存款加居民储蓄存款构成_____。
   A. 狭义货币供应量　　　　B. 广义货币供应量
   C. 准货币　　　　　　　　D. 货币供应量

5. 现阶段中国货币供应量中 M_2 减 M_1 是_____。

    A. 狭义货币供应量   B. 广义货币供应量

    C. 准货币   D. 流通中现金

6. 如果名义货币供给量不变，当物价水平提高时，实际货币供给量将会_____。

    A. 不变   B. 增加   C. 减少   D. 先增加后减少

7. 商业银行派生存款能力_____。

    A. 与原始存款成正比，与法定准备金率成正比

    B. 与原始存款成正比，与法定准备金率成反比

    C. 与原始存款成反比，与法定准备金率成正比

    D. 与原始存款成反比，与法定准备金率成反比

8. 超额准备金等于_____。

    A. 库存现金+商业银行在中央银行的存款

    B. 法定存款准备率×库存现金

    C. 法定存款准备率×存款总额

    D. 存款准备金-法定存款准备金

9. 如果原始存款为 30 万元，派生存款为 90 万元，则存款乘数为_____。

    A. 2   B. 3   C. 4   D. 5

10. 如果银行体系的超额准备金为 75 美元，法定准备金率为 0.20，支票存款可能扩张到_____美元。

    A. 75   B. 375   C. 575   D. 750

11. 如果法定准备金为 12 万，超额准备金为 5 万，则商业银行实际的存款准备金为_____。

    A. 17   B. 5   C. 12   D. 7

12. 如果存款创造乘数为 4，法定活期存款准备金率为 10%，超额存款准备金率为 10%，则现金漏损率为_____。

    A. 5%   B. 10%   C. 7%   D. 8%

13. 假设存在一家中央银行和多家商业银行，公众不持有通货，法定存款准备金率为 10%，不考虑超额存款准备金的情况下，一家企业

存入某家商业银行 100 万元支票存款，这最终将使整个商业银行体系准备金增加_____元。

    A. 1000 万   B. 900 万   C. 100 万   D. 90 万

14. 下列银行中，对货币扩张影响最小的是_____。

    A. 中国人民银行   B. 浦东发展银行

    C. 中国工商银行   D. 中国农业发展银行

15. 基础货币等于_____。

    A. 通货+存款货币   B. 存款货币+存款准备金

    C. 通货+存款准备金   D. 原始存款+派生存款

16. 在基础货币一定的条件下，货币乘数越大，则货币供应量_____。

    A. 越多   B. 越少   C. 不变   D. 不确定

17. 假定基础货币增加 5%，货币乘数不变，那么货币供给量会_____。

    A. 增加 5%   B. 下降 5%   C. 同增同减   D. 不变

18. 在其他条件不变的情况下，商业银行的准备金率越低，则货币供应量_____。

    A. 越多   B. 越少   C. 不变   D. 不确定

19. 定期存款比率与货币乘数 m_1 成_____，与货币乘数 m_2 成_____。

    A. 反比，正比 B. 反比，反比 C. 正比，正比 D. 正比，反比

20. 假如流通中现金有 20 亿元，存款 100 亿元，准备金 30 亿元，法定存款准备金率是 0.2，那么商业银行持有的超额存款准备金和货币乘数分别是_____。

    A. 10 亿元和 3.3   B. 20 亿元和 2.4

    C. 10 亿元和 2   D. 10 亿元和 2.4

21. 超额准备金率的变动主要取决于_____的行为。

    A. 中央银行   B. 社会公众   C. 商业银行   D. 都不是

22. 通货占活期存款的比率的变动主要取决于_____的行为。

    A. 中央银行   B. 非银行金融机构

    C. 商业银行   D. 社会公众

23. 关于存款乘数与货币乘数关系表述正确的是_____。

    A. 存款乘数与货币乘数影响因素完全相同

    B. 存款乘数与货币乘数反映的政策含义是相同的

    C. 存款乘数与货币乘数分别从央行与商业银行角度反映货币扩张程度

    D. 中央银行只关注货币乘数不关注存款扩张倍数

24. 直接关系到社会总需求的扩张水平的是_____。

    A. 货币供给规模   B. 货币需求规模

    C. 商品服务规模   D. 出口规模

25. 内生变量是由_____。

    A. 政策因素决定   B. 经济因素决定

    C. 非经济因素决定   D. 人为因素决定

26. 下列选项属于典型的外生变量的是_____。

    A. 利率   B. 税率   C. 汇率   D. 价格

27. _____认为货币供给将完全由货币当局的行为所决定。

    A. 货币供给内生论者   B. 货币供给外生论者

    C. 货币供给中性论者   D. 都不是

（三）多项选择题

1. 我国的 M_1 由_____构成。

    A. M_0 B. 企业定期存款   C. 活期存款

    D. 城乡储蓄存款   E. 大额可转让定期存单

2. "准货币"相当于以下哪几项之和_____。

    A. 定期存款   B. 现金   C. 储蓄存款

    D. 国库券   E. 外币存款

3. 存款货币创造的基本条件是_____。

    A. 十足准备金制度

    B. 部分准备金制度

    C. 全部现金结算制度

D. 零超额准备金制度

E. 部分提现制度

4. 商业银行创造存款货币要受_____因素限制。

    A. 法定准备率   B. 超额准备率   C. 现金漏损率

    D. 定期存款准备率   E. 货币流通速度

5. 商业银行的定期存款占活期存款的比率主要取决于_____。

    A. 非银行部门的可支配收入

    B. 非银行部门持有定期存款的机会成本

    C. 商业银行的规模

    D. 定期存款利率

    E. 商业银行的经营风格

6. 通过影响人们资产选择行为从而影响通货比率 c 的因素主要有_____。

    A. 总财富   B. 机会成本   C. 金融创新

    D. 贴现   E. 人口密度

7. 决定货币供给的两大要素为_____。

    A. 货币供应量   B. 基础货币   C. 利率

    D. 货币乘数   E. 再贴现率

8. 基础货币包括_____。

    A. 通货   B. 存款货币   C. 存款准备金

    D. 原始存款   E. 派生存款

9. 下列中央银行资产或负债项目的变动，引起基础货币增加的是_____。

    A. 财政存款减少   B. 外汇储备增加   C. 流通中通货减少

    D. 其他负债的减少   E. 银行存款的增加

10. 货币供给量的大小最终由_____共同决定。

    A. 财政政策   B. 中央银行   C. 商业银行

    D. 企业   E. 个人

11. 选择哪一货币层次作为中央银行控制重点，其标准是_____。

A. 这一层次所含的基础货币量最多

B. 这一层次的货币量最易于中央银行控制

C. 这一层次的货币量与经济活动关系最密切

D. 这一层次的货币量最稳定

E. 这一层次的货币量盈利最多

（四）判断题

1. 在现代货币供给理论中，货币供给总量通常是一个流量的概念。（　　）

2. 商业银行存款创造主要是指派生存款的创造，而非原始存款的创造。（　　）

3. 只要商业银行具备了部分准备金制度，商业银行就可以创造派生存款。（　　）

4. 银行创造派生存款的过程就是创造实际价值量的过程。（　　）

5. 公开市场业务是通过增减商业银行借款成本来调控基础货币的。（　　）

6. 再贴现政策是通过增减商业银行资本金来调控货币供应量的。（　　）

7. 存款准备金比率是通过影响商业银行借款成本来调控基础货币的。（　　）

8. 如果认为货币供给为内生变量，则货币当局无法通过货币政策来决定货币供给，货币政策特别是以货币供给量为中介目标的货币政策，其调节作用就是有限的了。（　　）

9. 弗里德曼和施瓦茨模型认为货币当局最终决定着整个社会的货币供给，因此货币供给是内生的。（　　）

10. 货币供给外生论者认为货币供给的变动将受制于各种经济因素的变动及微观经济主体的决策行为。（　　）

11. 弗里德曼对美国货币史的统计实证研究表明：相比窄口径，宽口径的货币供应量更能体现货币与经济的运行的相关性。（　　）

12. 中央银行不仅能有效控制基础货币，而且能绝对有效地控制货

币乘数。（　　）

13. 实际经济运行中货币需求引出货币供给，所以两者应该是等量的。（　　）

14. 微观货币需求的总和总是等于社会总供给决定的货币需求量。（　　）

15. 经济体系中到底需要多少货币从根本上取决于有多少实际资源需要货币实现其流转并完成再生产过程。（　　）

（五）名词解释

1. 货币供给

2. 原始存款

3. 派生存款

4. 存款创造

5. 基础货币

6. 货币乘数

7. 货币供给的内生性

8. 货币供给的外生性

（六）问答题

1. 试比较分析基础货币与原始存款。

2. 试比较分析原始存款和派生存款。

3. 划分货币层次的标准和意义是什么？

4. 如果中央银行规定的法定存款准备金比率为10%，有人将10000元现金存入一家商业银行，在没有任何"漏损"的假设下，试说明存款货币多倍扩张的过程与结果。

（七）论述题

1. 试分析在货币供给中，商业银行、中央银行的作用。

2. 请根据乔顿货币供给模型分析货币供给的内生性与外生性。

（八）计算题

1. 假定某国基础货币为 1500 亿元，支票存款的法定准备金率为 10%，现金漏损率为 2%，银行体系的支票存款为 4500 亿元，试求银行支票存款的存款准备金率与超额准备金。

2. 假定商业银行系统有 150 亿元的存款准备金，$r_d = 10\%$，r_d 上升至 15% 或下降至 5% 时，最终货币供给量有何变化？

3. 假定某商业银行从中央银行获得了 10000 元的贴现贷款，如果存款的法定准备金率为 10%，并且该商业银行持有 10% 的超额准备金，流通中现金的漏损率为 20%，那么：（1）存款乘数为多少？（2）银行体系最终将创造出多少存款货币？（3）货币乘数 m_1 是多少？

4. 某国商业银行体系共持有准备金 300 亿元，公众持有通货数量 100 亿元。中央银行对活期存款和定期存款的法定准备金率分别为 15% 和 10%。据测算，流通中的现金漏损率为 25%，商业银行超额准备金率为 5%，定期存款比率为 50%。试求：（1）存款乘数；（2）货币乘数 m_1。

5. 设某商业银行资产负债简表如下：

资产（亿元）	负债（亿元）
在央行存款　180 贷款　820	活期存款　1000

假定该存款为原始存款，客户不提现，也不转为定期存款，其他因素不予以考虑。若活期存款法定准备金率为 10%，问：该商业银行现在的超额准备金是多少亿元？商业银行体系若尽最大可能，能创造出派生存款多少亿元？

6. 一家银行的资产负债表如下：

资产	负债
准备金　7500 万美元 贷款　52500 万美元	存款　50000 万美元 银行资本　10000 万美元

如果有 5000 万美元的存款从银行流出，法定准备金率为 10%，这家银行在盈利最大化前提下，必须收回多少贷款？

7. 根据下列数据：法定准备金率 = 10%，现金 = 2800 亿元，支票存款 = 8000 亿元，超额准备金 = 400 亿元。

请计算：现金漏损率、超额准备金率、货币乘数、法定准备金、准备金、基础货币。

8. 设现金为 C，活期存款为 D，活期存款法定准备金为 R，现金占活期存款的比率 c 为 15%，活期存款法定准备金率 r 为 8%。

问：（1）根据已知的条件推导并计算相应的货币乘数。

（2）若增加基础货币 200 亿元，货币供给量增加多少亿元？

9. 假定某一确定的时间，美联储的贴现放款减少了 300 亿美元，而财政性存款增加了 500 亿美元。

问：（1）假定影响基础货币的其他因素保持不变，试计算基础货币变动量？（2）如果美联储希望基础货币保持不变，它应如何进行证券投资？

四、参考答案

（一）填空题

1. 现金、存款

2. 准备金、现金

3. 社会公众

4. 商业银行、社会公众、中央银行

5. 货币供给量、基础货币

6. 基础货币、货币乘数

（二）单项选择题

1—5 A D B B C 6—10 C B D C B

11-15　A　A　C　D　C　16-20　A　A　A　A　D

21-25　C　D　B　A　B　26-27　B　B

（三）多项选择题

1. AC　2. ACE　3. BE　4. ABCD　5. ABD

6. ABC　7. BD　8. AC　9. ABDE　10. BCDE

11. BC

（四）判断题

1. ×　2. √　3. ×　4. ×　5. ×　6. ×　7. ×　8. √　9. ×　10. ×

11. √　12. ×　13. ×　14. ×　15. √

（五）名词解释

1. 货币供给：指一个国家在一定时点上所拥有的货币存量。

2. 原始存款：指存款户以现金或中央银行支票方式存入银行体系的直接存款。

3. 派生存款：指银行体系在原始存款的基础上通过贷款、支票、贴现以及投资而衍生出来的间接存款。

4. 存款创造：在部分准备金制度和部分提现制度的前提下，单位存款可带来社会总存款的多倍增加。

5. 基础货币：又称货币基础或高能货币，即流通中的现金和银行准备金的总和。

6. 货币乘数：是表明货币供应量与基础货币之间的倍数关系。

7. 货币供给的内生性：指货币供给的变动，主要取决于经济体系中的实际变量（如收入、投资、储蓄、消费等）以及社会公众和商业银行等微观经济主体的经济行为，而非货币当局的政策意愿，因此中央银行并不能有效控制货币供给。

8. 货币供给的外生性：货币供给的变动完全由中央银行决定，而经济体系中的实际变量和微观经济主体只能被动适应货币供给的变动。

（六）问答题

1. 答案要点：基础货币是指起创造存款货币作用的商业银行在中央银行的存款准备金与流通于银行体系之外的通货这两者的总和。原始存款是指商业银行吸收的能增加其准备金的存款，包括商业银行吸收的现金和在中央银行的存款，它是基础货币的一部分。所以基础货币量大于原始存款量。

2. 答案要点：原始存款是指商业银行吸收的能增加其准备金的存款，包括商业银行吸收的现金和在中央银行的存款，它是基础货币的一部分。派生存款是相对于原始存款而言，是指商业银行以原始存款为基础通过转账结算方式发放贷款或进行其他资产业务时所转化而来的存款，是商业银行创造的存款货币。将存款划分为原始存款和派生存款只是从理论上说明两种存款在银行经营中的地位和作用不同，事实上，在银行的存款总额中是无法区分谁是原始存款，谁是派生存款。派生存款并不是虚假存款，银行创造派生存款的过程也不是创造实际价值量的过程，而是创造价值符号的过程。二者的区别是：（1）原始存款是派生存款的基础，没有原始存款，就没有派生存款；（2）其来源不同，原始存款的来源是银行吸收的现金存款或中央银行对商业银行贷款所形成的存款。而派生存款是随着商业银行存款、贷款业务循环往复不断开展，在商业银行体系内形成的。

3. 答案要点：各国中央银行在确定货币供给量层次时，一般遵循以下三条原则：（1）流动性的强弱；（2）与经济的相关性；（3）不同时期的不同情况。

货币供给量的层次划分目的，是为了考察各种具有不同流动性的资产对经济的影响，并选定一组与经济的变动关系最密切的货币资产作为中央银行控制的重点，便于中央银行进行宏观经济运行监测和货币政策操作。例如，M_0的变化主要反映并影响我国消费市场的供求和价格，与居民的生活联系密切；M_1反映的是居民和企业资金松紧变化，是经济周期波动的先行指标；M_2反映的是社会总需求变化和未来通货膨胀的压力状况。M_1对经济的影响比M_2更直接、更迅速，因为M_1是现实的购买力，它的变化将直接引起市场供求和价格的变化，而 M_2 由于没有直接的支付和转账功能，只有转化为 M_1 后，才会产生这种影响。因此，对货币供给量进行层次划分对保持货币政策时效性和宏观经济的稳定都具有十分重要的意义。

4. 答案要点：存款货币的多倍扩张过程是商业银行通过贷款、贴现和投资等行为引起成倍的派生存款的过程。假设商业银行只有活期存款，没有定期存款，法定存款准备金率为 10%，且不保留超额准备金。商业银行接受这 10000 元现金后提取其中的 10% 即 1000 元作为法定存款准备金，剩余的 9000 元发放贷款，由于不考虑现金漏出，贷款客户必将全部贷款用于支付，而收款人又将把这笔款存入另一家银行，这将使另一家银行获得存款 9000 元，另一家银行在提取 10% 准备金后将剩余的 8100 元作为贷款发放，这又将使第三家银行获得存款 8100 元……，通过整个银行体系的连锁反应，一笔原始存款将形成存款货币的多倍扩张，一直到全部原始存款都已成为整个银行体系的存款准备金为止。由于银行派生存款构成了一个无穷递减等比数列，求和得知全部银行存款货币 100000 元。

如果以 ΔD 表示存款总额，ΔR 表示原始存款，r_d 表示法定存款准备金率，则可得：$\Delta D = \Delta R \times \dfrac{1}{r_d}$，其中，$\dfrac{1}{r_d}$ 就是我们通常所说的存款乘数。

（七）论述题

1. 答案要点：现代经济中的货币都是不兑现信用货币，而信用货币都是由银行体系——商业银行、中央银行共同提供和创造的。尽管同是银行，作为专门从事货币经营业务的商业银行与专门从事金融管理活动的中央银行，在货币创造中扮演不同的角色。

（1）商业银行在货币供给中的作用。商业银行创造信用货币是在它的资产负债业务中，通过创造派生存款形成的。作为一种经营货币的企业，商业银行必须不断吸收存款并发放贷款，吸收存款则可以将流通中的现金纳入银行，转化为存款。发放贷款，则使该存款按照一定的量再次形成存款。如果该过程周而复始，不断进行，在多家银行并存的经济体系中，就会形成几倍于原始存款的存款货币，货币供应数量增加。

（2）中央银行在货币供给中的作用。中央银行作为货币供给的主体，主要通过调整、控制商业银行创造存款货币的能力及行为实现其在货币供给过程中的作用。第一，商业银行创造派生存款的能力大小主要取决于它可以获得的"原始存款"的多少。商业银行的原始存款一般来说有两个来源，其一为吸收客户的现金存款；其二为商业银行可以从中央银行取得的贷款。假定整个社会的现金均已存入银行系统，而商业银行均已最大限度地将其运用出去，那么，决定商业银行增加贷款从而增加存款创造的决定性因素便是中央银行提供给商业银行的贷款。第二，中央银行向商业银行提供货币资金的方式主要有再贴现、再贷款、调整法定存款准备率及在公开市场上买卖有价证券。无论采用哪种方式，均会导致商业银行超额准备金发生变化，从而影响商业银行的存款货币创造。第三，中央银行还掌握着现金发行的控制权力。而现金与商业银行在中央银行的准备金，构成基础货币。由于基础货币的变化可以迅速导致货币供应量的变化。因此，基础货币成为中央银行调节货币供应量的一个重要目标。

2. 答案要点：货币供给的外生性和内生性问题是一个与货币控制紧密相关而又争议颇大的问题。所谓货币的外生性，指货币供给的变动完全由中央银行决定，而经济体系中的实际变量和微观经济主体只能被动适应货币供给的变动。货币的内生性是指货币供给的变动，主要取决于经济体系中的实际变量（如收入、投资、储蓄、消费等）以及社会公众和商业银行等微观经济主体的经济行为，而非货币当局—中央银行的政策意愿，因此中央银行并不能有效控制货币供给。

公式中，影响和决定货币供给量变动的因素有：B 代表基础货币，$m_1 = \dfrac{c+1}{c + r_d + r_t \times t + e}$ 是货币乘数。其中，r_d 代表活期存款法定准备金率，e 代表超额准备金率，t 代表定期存款占活期存款的比率，r_t 代表定期存款法定准备金率，c 代表现金漏损率。

基础货币包括流通中的现金和银行准备金两部分，从中央银行的资产负债表看，基础货币实际上是中央银行的负债。根据"资产＝负债"

的会计原则可知：在其它条件不变的情况下，中央银行资产增加多少就会引起基础货币增加多少；相反，中央银行其他负债的增加则会引起基础货币的等额减少。因此，从理论上说，中央银行可以通过调整其资产或负债来控制基础货币，进而控制货币供给。中央银行调整其资产或负债的最常用的手法就是所谓的"三大法宝"：公开市场操作、法定准备金政策和再贴现政策。但实际中，中央银行受多因素的制约，并不能完全自由地调控影响基础货币。中央银行是在权衡各种因素的基础上部分有效地实现对基础货币的控制的。

法定准备金率的变动直接由中央银行决定。超额准备金率的大小主要取决于商业银行的经营决策行为。定期存款占活期存款的比例的高低与社会公众的行为有关。现金漏损率主要由社会公众所掌握。

由此可见，货币供给量既是一个由中央银行相对控制的外生变量，又是受经济体系内诸多因素影响的内生变量。

（八）计算题

1. B = 流通中的现金+法定存款准备金+超额存款准备金

= 支票存款×现金漏出率+支票存款×法定存款准备金率

+超额存款准备金

据上式得

$1500 = 4500×2\% + 4500×10\% +$ 超额存款准备金

超额存款准备金 $= 960$ （亿元）

该银行存款准备金率 $= (450+960) ÷ 4500×100\% ≈ 31.33\%$

2. r_d 由 10% 上升到 15% 时：

货币供给量变动额 $= (1/15\%)×150 - (1/10\%)×150 = -500$ （亿元）

r_d 由 10% 下降到 5% 时：

货币供给量变动额 $= (1/5\%)×150 - (1/10\%)×150 = 1500$ （亿元）

3. （1）存款乘数 $d = \dfrac{1}{c + r_d + e} = \dfrac{1}{20\% + 10\% + 10\%} = 2.5$

（2）银行体系创造的存款货币 $= 2.5 ×10000 = 25000$ （元）

（3）货币乘数 $m_1 = \dfrac{c + 1}{c + r_d + e} = \dfrac{20\% + 1}{20\% + 10\% + 10\%} = 3$

4. （1）存款乘数 $d = \dfrac{1}{c + r_d + e + r_t \times t}$

$$= \dfrac{1}{25\% + 15\% + 5\% + 50\% \times 10\%} = 2$$

（2）货币乘数 $m_1 = \dfrac{c + 1}{c + r_d + e + r_t \times t}$

$$= \dfrac{25\% + 1}{25\% + 15\% + 5\% + 50\% \times 10\%} = 2.5$$

5. 超额准备金＝存款准备金－法定准备金

$$= 180 - 1000 \times 10\% = 80 \text{（亿元）}$$

银行体系的派生存款 $= 1000 \times (1/10\%) - 1000 = 10000 - 1000$

$$= 9000 \text{（亿元）}$$

6. 当客户提取 5000 万美元后，该银行的实际存款为 45000 万美元，必须持有的法定准备金为 4500 万美元，说明该银行可以先运用 3000 万美元的超额准备金支付给提款客户，剩下的 2000 万美元只能收回贷款支付给提款客户了。

7. 现金漏出率＝现金/存款总量 $= 2800/8000 = 0.35$

超额准备金率＝超额准备金/存款总量 $= 400/8000 = 0.05$

货币乘数 $m_1 = \dfrac{c + 1}{c + r_d + e} = \dfrac{35\% + 1}{35\% + 10\% + 5\%} = 2.7$

法定准备金 $= 8000 \times 10\% = 800 \text{（亿元）}$

准备金＝法定准备金＋超额准备金 $= 800 + 400 = 1200 \text{（亿元）}$

基础货币＝现金＋存款准备金 $= 2800 + 1200 = 4000 \text{（亿元）}$

8. （1）货币乘数 $m_1 = \dfrac{M_1}{B} = \dfrac{C + D}{C + R} = \dfrac{c + 1}{c + r} = \dfrac{15\% + 1}{15\% + 8\%} = 5$

（2）货币供给量的增加：$\Delta M_1 = m_1 \times \Delta B = 5 \times 200 = 1000 \text{（亿元）}$

9. （1）根据中央银行的资产负债表可知，资产变动额＝负债变动额

$$-300 = \Delta B + 500$$

$$\Delta B = -800 \text{（亿美元）}$$

（2）美联储希望基础货币保持不变，它应在公开市场买进证券 800 亿美元。

第十章 通货膨胀和通货紧缩

一、内容摘要

作为纸币制度下的经济现象，通货膨胀和通货紧缩已成为当今世界各国普遍存在的经济问题。本章将对通货膨胀的定义、衡量、种类、成因、治理；通货紧缩的含义、成因及治理等内容进行介绍。

（一）通货膨胀的定义及其衡量

1. 通货膨胀的定义

总体上看，对通货膨胀的定义，有"货币派"和"物价派"两种。"货币派"认为通货膨胀首先是一种货币现象，其实质是货币数量的过量增长。"物价派"认为通货膨胀是价格总水平持续上升的过程。

但无论是货币派还是物价派，其观点都有偏颇之处。综合来看，通货膨胀可定义为：在纸币本位制和物价自由浮动的条件下，通货膨胀是由于货币供应量超过商品流通的客观需要量，从而引起货币不断贬值和一般物价水平持续上涨的经济现象。

2. 通货膨胀的衡量

一般物价水平是衡量通货膨胀程度的主要指标。在实际的经济生活中，一般物价水平是以不同时期的价格加权平均数之比来衡量，这就是物价指数。

根据计算方法不同，物价指数分为拉氏物价指数和帕氏物价指数两种。拉氏物价指数是（又称为基期加权价格指数）采用基期的商品来衡量，反映原先在基期购买的一篮子商品费用的相对变化。帕氏物价指数是采用报告期的商品作为权数。目前一些发达的西方国家都以拉氏法来编制物价指数，而我国则以帕氏法编制。

用于衡量通货膨胀的主要物价指数有消费价格指数、批发价格指数和国民生产总值或国内生产总值折算指数。

3. 通货膨胀的类型

分类标准：

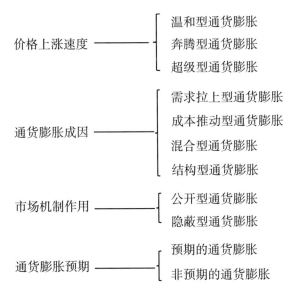

价格上涨速度 —— 温和型通货膨胀
奔腾型通货膨胀
超级型通货膨胀

通货膨胀成因 —— 需求拉上型通货膨胀
成本推动型通货膨胀
混合型通货膨胀
结构型通货膨胀

市场机制作用 —— 公开型通货膨胀
隐蔽型通货膨胀

通货膨胀预期 —— 预期的通货膨胀
非预期的通货膨胀

（二）通货膨胀的成因

"需求拉上说"认为通货膨胀产生的原因在于经济发展过程中社会总需求大于总供给，从而引起一般物价水平的持续上升。

"成本推动说"认为通货膨胀是由于成本的增加而引发的物价上涨。根据成本总额各组成部分在引起物价上涨过程中的作用，成本推进型通货膨胀可分为三种类型：一是工资推进的通货膨胀，二是利润推进的通货膨胀，三是进口成本推进的通货膨胀。

"供求混合推进说"把总需求与总供给结合起来分析通货膨胀的原

因，即通货膨胀的根源不是单一的总需求或总供给，而是这两者共同作用的结果。

"结构型通货膨胀说"是从一国经济结构及其变化方面去寻找通货膨胀产生的根源。

"预期说"认为，无论是什么原因引起的通货膨胀，即使最初引起的通货膨胀的原因消除了，它也会由于人们的预期而持续，甚至加剧。

"冲击与传导理论"是一种关于通货膨胀成因分析的新理论。该理论认为，冲击是一种施加于经济系统的力量，一个冲击发生后，将会对经济系统产生一系列的影响，这一影响过程称之为传导。该理论认为经济增长、政治经济体制的改革、经济结构的转变、战争、国际收支状况以及一些突发的不确定性事件等都有可能成为影响通货膨胀的主要因素。

（三）通货膨胀对经济的影响

1. 通货膨胀与经济增长的关系

通货膨胀对经济增长的影响，大致有三种意见：一是促进论，其认为通货膨胀可以促进经济增长；二是促退论，其认为通货膨胀不但不能促进经济增长，反而会阻碍经济发展。三是中性论，其认为通货膨胀与经济增长并没有什么必然的联系，货币在经济中是中性的，从长期来看决定经济发展的是实际因素（如劳动、资本、自然资源等），而不是价格水平。

2. 通货膨胀与失业的关系

学术界关于通货膨胀与失业之间的关系主要有两种观点。

一种观点认为通货膨胀与失业之间具有替代关系。这一观点的代表人物是英国著名经济学家菲利普斯，提出了著名的向右下方倾斜的菲利普斯曲线，表明工资率的变化率与失业率之间呈反向运动关系。

另一种观点是1967年和1968年费尔普斯和弗里德曼提出的"加入附加预期的菲利普斯曲线"。他们认为短期的菲利普斯曲线是向下倾斜，而长期菲利普斯曲线则是垂直的，即在长期内通货膨胀率和失业率之间不存在替代关系。

3. 通货膨胀的其他影响

通货膨胀还会对生产、商品流通、收入再分配及财政产生影响。

（四）通货膨胀的治理

1. 紧缩性的财政金融政策

紧缩性的财政政策。政府通过减少政府支出、降低政府转移支付水平和增税等来影响消费和政府支出。紧缩性的货币政策。政府通过紧缩性的货币政策，减少货币供应量，进而降低投资和社会总需求。

2. 收入政策

政府为了降低一般物价水平上涨的幅度而采取的强制性或非强制性的限制货币工资和价格的政策。收入政策一般包括：确定工资—物价指导线以限制工资—物价的上升；工资管制；以纳税为基础的收入政策等。

3. 供应政策

这是一种长期的、根本的反通货膨胀措施，通过刺激生产力的方法来解决通货膨胀和失业问题。供应政策主要包括：减税，即降低边际税率；削减社会福利开支；稳定币值；放松管制等。

（五）通货紧缩理论概述

1. 通货紧缩的含义和判断标准

对通货紧缩的分类标准不同，则对通货紧缩含义的界定不同。

一种方法是以"要素"为标准的分类。此方法对通货紧缩的界定包括三类：单要素论、双要素论和三要素论。

另一种方法以物价下降、货币供给下降和经济衰退三者之间的关系为依据来界定通货紧缩。此方法包括：（1）"价格派"，其认为三者之间没有直接的必然联系，通货紧缩就是货物与服务价格普遍的持续下降；（2）"货币派"，其认为三者是不可分割的，通货紧缩应具备"两个特征、一个伴随"，即物价水平的持续下降和货币供应量的持续下降并伴随着经济衰退。

2. 通货紧缩的有关理论

欧文·费雪在 1933 年发表的《大萧条的债务—通货紧缩理论》一文，详细阐述了"债务—通货紧缩"机制。该理论成为后来研究通货紧缩的基础。

现代货币主义对通货紧缩的关注和论述主要体现在两个方面：一是对"大萧条"的解释；二是对传导机制的论述。

凯恩斯理论认为，资本主义之所以会发生世界生产过剩危机，产生失业与严重的通货紧缩，根本原因在于"有效需求不足"。而"有效需求不足"的原因在于消费倾向下降导致消费需求不足、资本边际效率下降导致投资需求不足，从而减少了有效需求，使失业增加，价格下跌。

克鲁格曼在继承凯恩斯理论的基础上，就通货紧缩产生的原因和机制分析以及政策建议上，提出了许多新的看法，形成了一套独特的理论。

3. 通货紧缩的治理

增加国内有效需求或称"拉动内需"。这包括增加投资需求和消费需求。

增加外部需求，促进出口。

改善供给结构，增加有效供给。

二、学习目标

◆ 掌握通货膨胀的含义，主要的物价指数及通货膨胀的基本类型，通货膨胀成因理论的基本观点，通货膨胀和通货紧缩的治理。

◆ 理解通货膨胀与经济增长及失业的关系，通货紧缩的含义。

三、习　　题

（一）填空题

1. 有关通货膨胀的定义，"货币派"用_____来定义通货膨胀，他们认为通货膨胀完全是一种_____现象；而"物价派"是用_____的过程来定义通货膨胀。

2. _____是测度通货膨胀和通货紧缩的主要标志。

3. 根据不同的标准，通货膨胀有多种分类方法，按市场机制作用可分为_____和_____通货膨胀；按价格上涨的不同速度可分为_____、_____、_____和_____通货膨胀；按公众对通货膨胀的预期程度分为_____和_____通货膨胀。

4. 首创"结构型通货膨胀说"的经济学家是斯屈里坦和鲍莫尔等人，其核心思想是_____。

5. 治理通货膨胀主要措施是_____、_____和_____。

6. 在费尔普斯和弗里德曼提出加入"附加预期的菲利普斯曲线"中，向下倾斜的菲利普斯曲线应称之为_____的菲利普斯曲线，而长期菲利普斯曲线则是_____的。

7. 对通货紧缩的界定主要有两种方法；一种方法是以_____为标准进行分类，另一种方法以_____、_____和经济衰退三者之间的关系为依据来界定通货紧缩。

8. 双要素论认为通货紧缩一般有两个特征：一是_____、二是_____。

9. 欧文·费雪的_____理论产生于他对"大萧条"的解释，该理论具有重要的地位，成为后来研究通货紧缩的基础。

10. 凯恩斯的通货紧缩理论认为资本主义之所以会发生世界生产过剩危机，产生失业与严重的通货紧缩，根本原因在于_____。

（二）单项选择题

1. 能反映出直接与公众的生活相联系的通货膨胀指标是_____。

    A. 居民消费价格指数   B. 批发价格指数

    C. 国内生产总值折算指数   D. 通货膨胀扣除率

2. 下列描述中，不属于批发价格指数特点的是_____。

    A. 对商业周期反应敏感

    B. 资料容易搜集

    C. 根据制成品和原材料的批发价格编制的指数

    D. 范围广泛

3. 我国 2017 年国内生产总值按当年价格计算为 827121.7 亿元人民币，而按 1978 年基年价格计算则为 126992.4 亿元人民币。则 2017 年物价比 1978 年上涨了_____。

    A. 651%   B. 551%   C. 65.1%   D. 55.1%

4. 可以称为爬行型通货膨胀的情况是指_____。

    A. 通货膨胀率在 10%以上，并且在加剧的趋势

    B. 通货膨胀率以每年 5%的速度增长

    C. 在数年之内，通货膨胀率一直保持在 2%—3%的水平

    D. 通货膨胀率每年 50%以上

5. 最严重的恶性通货膨胀的最终结果是_____。

    A. 突发性的商品抢购   B. 挤兑银行

    C. 货币制度崩溃   D. 投机盛行

6. 20 世纪 70 年代，被用于解释西方国家经历的高失业和高通货膨胀并存的"滞涨"局面的是_____。

    A. 需求拉动型通货膨胀   B. 成本推动型通货膨胀

    C. 混合型通货膨胀   D. 结构型通货膨胀

7. 下列选项不是通货膨胀成因的是_____。

    A. 银行信用膨胀   B. 财政赤字

    C. 经常项目顺差   D. 资本项目逆差

8. 当存在物品和服务销售的完全竞争市场时，不可能产生的是_____。

    A. 需求拉上的通货膨胀   B. 结构型通货膨胀

    C. 工资推动的通货膨胀   D. 利润推动的通货膨胀

9. 认为通货膨胀的原因在于经济发展过程中社会总需求大于总供给，从而引起一般物价水平持续上涨，是_____。

    A. 需求拉上说   B. 成本推动说

    C. 开放型通货膨胀   D. 隐蔽型通货膨胀

10. 凯恩斯的需求拉上型通货膨胀理论缺陷在于_____。

  A. 假定通货膨胀与充分就业共生

  B. 假定通货膨胀与充分就业不共生

  C. 假定通货膨胀与失业共生

  D. 假定通货膨胀与失业不共生

  11. 认为通货膨胀是由于社会经济结构方面的因素所导致的是_____。

  A. 供求混合推进说　　　　B. 成本推动说

  C. 结构型通货膨胀说　　　D. 需求拉上说

  12. 把通货膨胀归咎于产品成本提高的是_____。

  A. 供求混合推进说　　　　B. 成本推动说

  C. 结构型通货膨胀说　　　D. 需求拉上说

  13. 以存在强大的工会力量，从而存在不完全竞争的劳动力市场为假设前提的通货膨胀理论是_____型通货膨胀。

  A. 需求拉动　　B. 工资推动　　C. 利益推动　　D. 混合推动

  14. 在通货膨胀中，最大的受益者是_____。

  A. 从企业的利润中取得收益者

  B. 国家机关工作人员

  C. 科技工作者

  D. 政府

  15. 通货膨胀时期从利息和租金取得固定收入的人将_____。

  A. 增加收益　　B. 遭受损失　　C. 不受影响　　D. 不确定

  16. 在经济增长和通货膨胀之间的关系中，"滞胀"是指_____。

  A. 高的经济增长率和高的通货膨胀率

  B. 低的经济增长率和低的通货膨胀率

  C. 高的经济增长率和低的通货膨胀率

  D. 经济停滞和高的通货膨胀同时并存

  17. 鼓励民间投资并控制通货膨胀的财政与货币政策组合模式_____。

  A. 松财政政策、松货币政策　　B. 紧财政政策、紧货币政策

  C. 松财政政策、紧货币政策　　D. 紧财政政策、松货币政策

18. 通货膨胀对策中，通过公开市场业务出售政府债券属于_____。

    A. 控制需求   B. 改善供给   C. 收入政策   D. 紧缩性财政政策

19. 通货膨胀对策中，工资管制属于_____。

    A. 控制需求   B. 改善供给   C. 收入政策   D. 紧缩性财政政策

20. 为有效控制通货膨胀，政府应采取的财政政策和措施是_____。

    A. 削减行政开支，减少财政支出

    B. 增加国家税收，扩建公用设施

    C. 减少国家税收，减持外国国债

    D. 增加财政支出，刺激需求增长

21. 下列选项可防止物价过快上涨的正确选择是_____。

    A. 提高利率→投资下降→生产资料需求减少→商品价格水平下降

    B. 本币升值→商品出口量增加→外汇流入减少→商品价格水平下降

    C. 扩大政府投资→生产规模扩大→单位商品价值量下降→商品价格水平下降

    D. 发行国债→增加货币供应量→消费需求减少→商品价格水平下降

22. 下列选项不属于紧缩性财政政策的是_____。

    A. 削减政府支出   B. 减少公共事业投资

    C. 增加税收   D. 制定物价、工资管制政策

23. 认为通货紧缩完全是一种货币现象是_____的观点。

    A. 凯恩斯主义   B. 后凯恩斯学派

    C. 货币主义学派   D. 马克思主义

24. 下列选项不属于通货紧缩三要素定义的定义是_____。

    A. 物价水平持续下降   B. 货币供应量持续下降

C. 社会总需求下降　　　　D. 经济衰退

25. 在通货紧缩中，贷款人的负担将_____。

A. 减轻　　　B. 加重　　　C. 不变　　　D. 不确定

26. "负债人越是还债，他们的债就越多"描述了通货紧缩导致的_____。

A. 财富再分配效应　　　　B. 收入再分配效应

C. 财富缩水效应　　　　　D. 失业效应

27. 根据凯恩斯的"有效需求理论"，有效需求不足会导致物价水平下跌，经济收缩，此时可以通过_____来稳定有效需求。

A. 调整国民预期　　　　　B. 实行宽松的货币政策

C. 增加政府支出　　　　　D. 调整存款准备金率

28. 通货膨胀和通货紧缩是两种截然不同的经济现象，但都会影响正常的经济秩序。从二者的共同点看，都是由_____造成的。

A. 价值与价格的背离

B. 社会总需求与总供给不平衡

C. 纸币贬值，物价上涨

D. 商品价格水平与货币流通速度不一致

29. 下列对于增加纸币发行量、物价上涨与通货膨胀三者关系的说法正确是_____。

A. 只要增加纸币量，必然引起通货膨胀，导致物价上涨

B. 物价上涨总是因为增加纸币发行量引起的，其本质是通货膨胀

C. 纸币发行量超过了流通中实际需要的货币量，可能会引起通货膨胀与物价上涨

D. 物价上涨必然导致增加纸币发行量和通货膨胀

（三）多选题

1. 有关通货膨胀的描述正确的是_____。

A. 在纸币流通条件下的经济现象

B. 货币流通量超过货币必要量

C. 物价普遍上涨　　　D. 货币贬值　　　　E. 生产过剩

2. 按照价格上涨幅度加以区分，通货膨胀包括_____。

　　A. 温和型通货膨胀　　B. 奔腾型通货膨胀　　C. 平衡式通货膨胀

　　D. 非平衡式通货膨胀　E. 恶性通货膨胀

3. 公开型通货膨胀的测量指标通常有_____。

　　A. 居民消费价格指数　B. 批发价格指数　　　C. M_0 增长率

　　D. M_1 增长率　　　　　E. 国内生产总值折算指数

4. 隐蔽型通货膨胀的形成条件包括_____。

　　A. 市场价格发挥调节作用

　　B. 严格的价格管制

　　C. 单一的行政管理体制

　　D. 过度的需求压力

　　E. 价格双轨制

5. 根据形成原因，可将通货膨胀分为_____。

　　A. 需求拉上型通货膨胀

　　B. 隐蔽型通货膨胀

　　C. 成本推动型通货膨胀

　　D. 结构型通货膨胀

　　E. 混合型通货膨胀

6. 下列选项可能造成需求拉上型通货膨胀的有_____。

　　A. 过度扩张性的财政政策

　　B. 过度扩张性的货币政策

　　C. 消费习惯突然的改变

　　D. 农业的歉收

　　E. 劳动生产率的突然降低

7. 下列类型的通货膨胀属于成本推动型通货膨胀的有_____。

　　A. 进口成本推动的通货膨胀

　　B. 利润推动的通货膨胀，

　　C. 工资推动的通货膨胀

　　D. 需求移动的通货膨胀

E. 需求牵动的通货膨胀

8. 下列选项会引起成本推动型通货膨胀的有_____。

A. 天灾导致农业歉收 B. 行业工会加薪要求

C. 油价上涨　　　　　D. 垄断定价　　　　　E. 政治经济体制改革

9. 通货膨胀对财政的影响有_____。

A. 改变财政收入结构 B. 影响公债发行　　C. 影响财政收支平衡

D. 降低国库库款的价值　　E. 增加国库库款的价值

10. 通货膨胀对生产的影响有_____。

A. 通货膨胀对生产增长有长期的刺激作用

B. 通货膨胀对生产增长有短期的刺激作用

C. 通货膨胀容易引发资金从生产性行业向非生产性行业流动

D. 通货膨胀容易引发资金从非生产性行业向生产性行业流动

E. 通货膨胀会引起产业结构失衡

11. 在通货膨胀过程中，下列经济个体会得利的有_____。

A. 债权人　　　　　　B. 债务人　　　　　　C. 实际财富持有者

D. 货币财富持有者　　E. 固定收入者

12. 下列关于通货膨胀的说法正确的有_____。

A. 通货膨胀越高，货币的购买力越高

B. 生产成本上升将导致成本推动型通货膨胀

C. 过快的货币供给增长速度一般将导致较高的通货膨胀率

D. 非预期的通货膨胀有利于固定金额收入者

E. 发生通货膨胀时，实际利率相比之前上升

13. 菲利普斯曲线表明_____。

A. 失业率越低，通货膨胀率越低

B. 失业率越高，通货膨胀率越高

C. 失业率越高，通货膨胀率越高

D. 失业率越高，通货膨胀率越低

E. 失业率与通货膨胀率存在负相关关系

14. 治理通货膨胀的对策包括_____。

A. 宏观扩张政策　　　B. 宏观紧缩政策　　　C. 增加有效供给

D. 增加收入政策　　E. 收入指数化

15. 治理通货膨胀的紧缩性货币政策主要手段有＿＿＿＿＿＿。

A. 通过公开市场购买政府债券

B. 提高再贴现率

C. 通过公开市场出售政府债券

D. 提高法定准备金率

E. 降低再贴现率

（四）判断题

1. 拉氏物价指数是以报告期的商品作为权数，而帕氏物价指数是采用基期的商品作为权数来计算价格指数的。（　　）

2. 批发价格指数只计算了商业周期中生产环节和批发环节上的价格变动，没有包括商品最终销售时的价格变动。（　　）

3. 隐蔽型通货膨胀没有物价的上涨，因此无法用指标来衡量。（　　）

4. 在任何经济中，只要存在着通货膨胀的压力，就会表现为物价水平的上升。（　　）

5. 通货膨胀得以实现的前提是现代货币供给的形成机制。（　　）

6. 需求拉上说解释通货膨胀时是以总供给给定为前提的。（　　）

7. 工资—价格螺旋上涨引发的通货膨胀是需求拉上型通货膨胀。（　　）

8. 成本推动通货膨胀又称供给型通货膨胀，是指由厂商生产成本增加而引起的一般价格总水平的上涨。（　　）

9. 结构型通货膨胀是由于产业结构不合理而引起的。（　　）

10. 冲击和传导理论认为，当经济增长速度过快时，必定会出现通货膨胀。（　　）

11. 适应性预期理论认为本期通货膨胀率的预期等于上一期的通货膨胀率，即 $\pi^e = \pi^{(-1)}$。（　　）

12. 理性预期假说是指人们对未来通货膨胀预期基于这一变量未来行为在经济上的所有可利用信息。（　　）

13. 经常项目顺差会造成国内市场货币流通量过多，而资本项目顺

差则不形成通货膨胀压力。（　　）

14. 凯恩斯学派赞同通货膨胀的需求拉上说，而货币学派则主张成本推进说。（　　）

15. 所谓通货膨胀促进论是指通货膨胀具有正的产出效应。（　　）

16. 普遍、持续的物价下降意味着单位货币购买力的不断上升，对投资者来说意味着投资成本降低，对经济发展是有利的。（　　）

17. 在通货膨胀期间，由于货币贬值，居民将不愿持有货币或进行储蓄，使货币的储藏手段职能弱化，恶性的通货膨胀还可能妨碍货币流动手段和支付职能的发挥。（　　）

18. 通货紧缩时物价下降，使货币购买力增强，使居民生活水平提高，对经济有利。（　　）

19. 采用向商业银行、企业和个人发行债券的方法弥补财政赤字，一般不会扩大货币总量，引发通货膨胀。（　　）

20. 通货紧缩会影响货币政策的实施，使货币政策失去灵活性。（　　）

21. 有关通货紧缩的定义，"货币派"认为，通货紧缩与货币供给下降和经济衰退之间没有直接的必然联系，通货紧缩则是货物与服务价格普遍的持续下降。而"价格派"认为通货紧缩过程中物价持续下降，货币供给量下降和经济衰退是三个不可分割的方面。通货紧缩应具备"两个特征、一个伴随"。即物价水平的持续下降和货币供应量的持续下降并伴随着经济衰退。（　　）

22. 弗里德曼和施瓦茨在其代表作《美国货币史：1867—1960》一书中认为，"大萧条"这样的空前灾难是由于货币量的外生性变动造成的。（　　）

（五）名词解释

1. 通货膨胀

2. 一般物价水平

3. 居民消费价格指数

4. 批发价格指数

5. 国民生产总值或国内生产总值折算指数

6. 需求拉上型通货膨胀

7. 成本推动型通货膨胀

8. 供求混合推进型通货膨胀

9. 结构型通货膨胀

10. 收入政策

（六）问答题

1. 简述关于通货膨胀成因的几种理论观点。

2. 简述恶性通货膨胀的危害。

3. 治理通货膨胀的政策措施有哪些？

4. 通货紧缩的含义有哪些？

5. 简述费雪的"债务—通货紧缩"理论的主要内容。

6. 如何治理通货紧缩？

（七）计算题

1. 假设某个国家只生产食品和服装，该国在 2016 年和 2017 年生产服装和食品的数量及价格如下表：

项　目	2016 年		2017 年	
	数量	价格	数量	价格
服装	8000	$ 4	10000	$ 3
食品	6000	$ 8	5000	$ 14

（1）请以 2016 年为基年计算该国 2016 年到 2017 年的实际 GDP 增长率。

（2）请以 GDP 平减指数为基础计算该国 2016 年到 2017 年的通货膨胀率。

（八）论述题

1. 试述通货膨胀对经济增长的影响。

2. 试述通货紧缩对国民经济产生的负面影响，及其主要治理措施。

四、参考答案

（一）填空题

1. 货币数量的过度增长、货币、价格总水平持续上升

2. 一般物价水平

3. 公开型、隐蔽型、温和型、奔腾型、超级型、预期、非预期

4. 不平衡增长模型

5. 紧缩性的财政金融政策、收入政策、供给政策

6. 短期、垂直

7. "要素"、物价下降、货币供给下降

8. 商品和劳务价格持续下跌，货币供应量持续下降

9. 债务—通货紧缩

10. 有效需求不足

（二）单项选择题

1-5 A D B C C 6-10 B D D A A

11-15 C B B D B 16-20 D D A C A

21-25 A D C C B 26-29 A C B C

（三）多项选择题

1. ABCD 2. ABE 3. ABE 4. BCD 5. ACDE

6. ABC 7. ABC 8. BCD 9. ABCD 10. BCE

11. BC 12. BC 13. DE 14. BCE 15. BCD

（四）判断题

1. × 2. √ 3. × 4. × 5. √ 6. √ 7. × 8. √ 9. × 10. √

11. √ 12. √ 13. × 14. × 15. √ 16. × 17. √ 18. × 19. √

20. √　21. √　22. √

（五）名词解释

1. 通货膨胀：在纸币本位制和物价自由浮动的条件下，通货膨胀是由于货币供应量超过商品流通的客观需要量，从而引起货币不断贬值和一般物价水平持续上涨的经济现象。

2. 一般物价水平：一国或地区所有商品和劳务的价格加总在一起的加权平均数。

3. 居民消费价格指数：由各国政府根据各国若干日用消费品的零售价格，以及水、电、住房、交通、医疗、娱乐等服务费用而编制计算出来的，用于反映消费者为购买消费品而付出的价格变动情况的指数。

4. 批发价格指数：根据制成品和原材料的批发价格编制的价格指数，反映不同时期生产资料和消费品批发价格的变动趋势与幅度的相对数。

5. 国民生产总值或国内生产总值折算指数：衡量一国经济不同时期所生产的最终产品和劳务的价格总水平变化程度的经济指标，等于当年价格计算的国民生产总值或国内生产总值与按基年不变价格计算的国民生产总值或国内生产总值的比率。

6. 需求拉上型通货膨胀：由于总需求过度增长（超过了总供给）而引起的通货膨胀。

7. 成本推动型通货膨胀：由于供给减少，导致总需求超过总供给而引起的通货膨胀。

8. 供求混合推进型通货膨胀：由于总需求过度增长和供给减少同时作用而引起的通货膨胀。

9. 结构型通货膨胀：由于社会经济结构方面的因素而引起的物价水平上升。

10. 收入政策：指政府为了降低一般物价水平上涨的幅度而采取的强制性或非强制性的限制货币工资和价格的政策。

（六）问答题

1. 答案要点：（1）"需求拉上说"认为通货膨胀产生的原因在于经济发展过程中社会总需求大于总供给，从而引起一般物价水平的持续上升。

（2）"成本推动说"认为通货膨胀是由于成本的增加而引发的物价上涨。而导致成本的增加主要来自三方面的因素：一是货币工资的增长率超过劳动生产率的增长率，二是垄断经济组织为追逐高额利润，通过制定垄断价格人为地抬高物价而造成的通货膨胀，三是由于许多商品的生产依赖原材料的进口，当进口原材料由于汇率因素或其它因素导致进口价格提高时，进口企业的生产成本必然上升，同时也会带动本国的相关行业的价格上涨，从而推动价格水平上涨。

（3）"供求混合推进说"把总需求与总供给结合起来分析通货膨胀的原因，即通货膨胀的根源不是单一的总需求或总供给，而是这两者共同作用的结果。

（4）"结构型通货膨胀说"是从一国经济结构及其变化方面去寻找通货膨胀产生的根源。

（5）"预期说"认为，无论是什么原因引起的通货膨胀，即使最初引起通货膨胀的原因消除了，它也会由于人们的预期而持续，甚至加剧。

（6）"冲击与传导理论"是一种关于通货膨胀成因分析的新理论。该理论认为，冲击是一种施加于经济系统的力量，一个冲击发生后，将会对经济系统产生一系列的影响，这一影响过程称之为传导。该理论认为经济增长、政治经济体制的改革、经济结构的转变、战争、国际收支状况以及一些突发的不确定性事件等都有可能成为影响通货膨胀的主要因素。

2. 答案要点：我们把比较严重的通货膨胀称为恶性通货膨胀，属于通货膨胀中最严重的一级。恶性通货膨胀的主要危害有：

（1）价格失灵，迅速上涨的商品价格已经不能成为市场生产的指导原则，导致生产体系出现混乱，出现生产的浪费。

（2）导致人们对货币失去信心，最严重的恶性通货膨胀会危及货币流通自身，可能导致货币制度的崩溃。

（3）人们对货币失去信心，就会导致人们较少储备货币，从而将货币用来囤积物质，购买那些可能并不需要的商品，产生消费领域的浪费。这会使商品价格被频繁改变，导致商品销售定价的麻烦，也导致消费者消费的不便。

（4）导致人们减少存款，致使银行货币缺乏，甚至导致银行在挤兑潮流中倒闭。

（5）导致金融系统的失灵，这将意味着资本投资会更加困难。再加上商品价格对资本投资的指导失灵现象，这会导致资本投资雪上加霜，导致社会投资明显萎缩。

（6）导致社会不稳定。恶性通货膨胀会致使低收入人群的福利下降，所有人员的工资购买力下降，这将导致人们产生不满，从而影响社会稳定。

3. 答案要点：（1）紧缩性财政货币政策。紧缩性的财政政策包括政府减少消费和政府支出。其主要包括削减政府预算、限制公共事业投资，降低政府转移支付水平、减少社会福利费用、增税、发行公债、开征特别消费税等。紧缩性的货币政策是政府通过减少货币供应量，进而降低投资和社会总需求。主要包括出售政府债券、提高贴现率和再贴现率、提高法定存款准备率、提高利率、紧缩信贷等等。

（2）收入政策。收入政策是政府为了降低一般物价水平上涨的幅度而采取的强制性或非强制性的限制货币工资和价格的政策。收入政策一般包括：确定工资—物价指导线，以限制工资—物价的上升；工资管制；以纳税为基础的收入政策等。

（3）供应政策。这是一种长期的、根本的反通货膨胀措施，通过运用刺激生产力的方法来同时解决通货膨胀和失业问题。供应政策主要包括：减税，即降低边际税率；削减社会福利开支；稳定币值；放松管制等。

4. 答案要点：对通货紧缩的分类标准不同，则对通货紧缩含义的界定不同。

（1）一种方法是以"要素"为标准的分类。此方法对通货紧缩的界定包括三类：一是单要素论，认为通货紧缩是价格水平普遍的持续的下降；二是双要素论，认为通货紧缩包括价格水平的持续下降和货币供应量的持续下降；三是三要素论，认为通货紧缩应包括价格水平的持续下降、货币供应量的持续下降与经济增长率的持续下降。

（2）另一种方法以物价下降、货币供给下降和经济衰退三者之间的关系为依据来界定通货紧缩。此方法包括：一是"价格派"，认为通货紧缩与货币供给下降和经济衰退之间没有直接的必然联系，通货紧缩就是货物与服务价格普遍的持续下降；二是"货币派"，认为通货紧缩过程中物价持续下降、货币供给量下降和经济衰退是三个不可分割的方面。通货紧缩应具备"两个特征、一个伴随"，即物价水平的持续下降和货币供给量的持续下降并伴随着经济衰退。

5. 答案要点：美国经济学家欧文.费雪在 1933 年大萧条时提出了"债务—通货紧缩"理论。该理论是从某个时点经济体系中存在过度负债这一假设入手分析的。

（1）费雪认为，新发明、新产业的出现或新资源的开发等导致利润前景看好，企业因此过度投资，导致过度负债。

（2）债权人一旦注意到这种过度借债的危险就会趋于债务清算；这种清算会导致企业为清偿债务而廉价销售商品，企业利润下降，存货减少。

（3）结果带来货币流通速度降低，物价水平下降。这又引起产出、就业减少，信心下降，人们追求更多的货币储藏和积蓄，结果名义利率下降、实际利率上升，资金盈余者不愿贷出、资金短缺者不愿借入，通货紧缩发生。

（4）费雪还认为，过度负债和通货紧缩二者之间会产生相互作用。过度负债这种较轻的疾病会导致通货紧缩这种较重的疾病；反过来，由过度债务所导致的通货紧缩也会反作用于债务。当发生通货紧缩时，实际债务增加。而且，如果初始的负债规模足够大，债务的清偿甚至会跟不上它所欠的债务价值的上升，从而导致"正是人们减轻其债务负担的努力反而增加了债务负担"这种悖论。

6. 答案要点：（1）增加国内有效需求。国内有效需求包括两个方面：投资需求和消费需求。增加投资需求包括两方面：一是增加政府公共投资，如增加基础设施建设，以此拉动投资品市场需求，并增加就业；二是刺激私人部门或民间投资。这可通过降低税收、降低利率、增加信贷等措施，提高企业经营者的投资收益率，增强其投资的信心和增加投资机会。其中，由于私人部门或企业是国民经济的微观基础，因此刺激私人部门或民间投资显得尤为重要。

增加消费需求的具体方法包括增加政府采购、提高公共消费水平和刺激家庭个人消费等。

（2）增加外部需求，促进出口。增加外部需求，消化相对过剩的产能是治理通货膨胀的一个重要途径。一国通常可采取本币贬值的策略，同时还可在国际贸易中尽可能争取有利于扩大出口而限制进口的条件。

（3）改善供给结构，增加有效供给。一国应适时调整产业结构，并鼓励企业加快技术进步、提高产品质量和改善企业经营管理水平，通过产品结构的改善，增加有效供给。

（七）计算题

1. （1）以2016年的价格为基年，则该国2016年的实际GDP＝$8000 \times 4 + 6000 \times 8 = 80000$（美元）；而2017年的实际GDP＝$10000 \times 4 + 5000 \times 8 = 80000$（美元），可见2017年实际GDP增长率为0。

（2）该国2017年的名义GDP＝$10000 \times 3 + 5000 \times 14 = 100000$（美元），根据通货膨胀率的计算公式可得：通货膨胀率＝（名义GDP－实际GDP）/实际GDP＝$(100000 - 80000) \div 80000 = 25\%$。

（八）论述题

1. 答案要点：通货膨胀对经济增长的影响，有多种不同的意见。归纳起来大致有三种，即"促进论""促退论"和"中性论"。

（1）促进论。促进论认为通货膨胀可以促进经济增长。这种观点主要遵循凯恩斯有效需求不足的分析传统，其理由在于：第一，通货膨胀有利于国家获得建设资金。通货膨胀是由于货币供应量过多引起的。国家可以通过多发行货币来弥补基础建设资金的不足，以及在通货膨胀下通过举债占有债权人的一部分利益从而拓展资金来源，成为经济增长的原动力。另外，通货膨胀所引起的"通货膨胀税"可以增加政府税收，从而增加政府支出。第二，通货膨胀有利于刺激投资。在货币幻觉的作用下，通货膨胀引起的有利于雇主不利于工人的影响可以增加利润，从而刺激投资。第三，通货膨胀会加剧收入分配的不平等，而富人的储蓄倾向又大于穷人，所以，通货膨胀可以通过加剧收入不平等而增加储蓄。因此，对于资金缺乏的发展中国家来说，利用通货膨胀来发展经济尤为重要，可以提高储蓄率，加速资本积累，也可刺激经济增长。第四，通货膨胀有利于优化产业结构。在通货膨胀时期，畅销商品的价格增长较快，而滞销商品价格增长较慢，促使企业调整产业结构和产品结构。第五，通货膨胀有利于充分利用闲置资源。通货膨胀表现为商品价格的普遍上涨，这使商品销售加快，商业利润和产业利润增加，从而刺激企业扩大生产规模，使各种闲置资源投入再生产过程。

（2）促退论。促退论认为通货膨胀不但不能促进经济增长，反而会阻碍经济发展。其理由在于：第一，在市场经济中，通货膨胀使价格信号扭曲，无法正常反映社会供求状态，从而使价格推动调节经济的作用无法正常发挥，经济无法正常发展。第二，通货膨胀破坏了正常的经济秩序，使投资风险增大，社会动荡，从而经济混乱，经济效率低下。第三，通货膨胀所引起的紧缩性政策会抑制经济发展。第四，在固定汇率下通货膨胀所引起的货币贬值不利于对外经济交往。

（3）中性论。中性论认为，通货膨胀与经济增长并没有什么必然的联系，货币在经济中是中性的，从长期来看决定经济发展的是实际因素（如劳动、资本、自然资源等），而不是价格水平。在长期中由于货币量变动引起的通货膨胀，既不会有利于经济也不会不利于经济的发展。

2. 答案要点：（1）通货紧缩虽然在短期内会给消费者带来一定好处，有助于提高社会购买力，但从长远来看，将给国民经济带来一系列负面影响。

①经济增长率下降，失业增加。通货紧缩引起的商品价格下跌会提高实际利率水平，使社会投资支出趋于减少，影响全社会的经济增长。商业活动的萎缩不仅会引起失业率增加，而且会形成名义工资下降的压力，在居民因此而减少消费支出的情况下，经济衰退便不可避免。

②破坏信用关系。在通货紧缩比较严重的情况下，社会信用关系会失衡，信用量急剧萎缩。正常的信用关系也会遭到破坏。

③影响社会消费和投资。从消费来看，通货紧缩带来的经济衰退使人们的收入减少，就业压力增大，社会矛盾突出。就收入来看，在收入减少的情况下，人们会紧缩开支。从投资来看，通货紧缩使实际利率上升，不利于投资需求增长。

④加重银行不良资产。通货紧缩一旦形成，就有可能形成"债务—通货紧缩陷阱"，加重银行的不良资产。在此条件下，货币将变得更加昂贵，债务则因货币成本上升而相应上升。虽然名义利率未变但实际利率上升，也会增加企业的债务负担。企业在走投无路的情况下，便将这些债务负担转嫁给银行，导致银行不良资产升高。更有甚者，一些资不抵债的银行还会因客户"挤兑"而破产。

（2）对通货紧缩的治理主要采取以下措施：

①增加国内有效需求或称"拉动内需"。国内有效需求包括两个方面：投资需求和消费需求。增加投资需求的渠道包括：增加政府公共投资，如增加基础设施建设，以此拉动投资品市场需求，并增加就业；刺激私人部门或民间投资。主要做法是采取降低税收、降低利率、增加信贷等措施，提高企业经营者的投资收益率，增强其投资的信心和增加投资机会。与增加政府公共投资相比，刺激私人部门或民间投资尤为重要。这是因为，私人部门或企业是国民经济的微观基础，激活企业是激活整个市场和整个经济的关键。

增加消费需求的具体方法包括增加政府采购、提高公共消费水平和刺激家庭个人消费等。值得注意的是，由于在通货紧缩的情况下，就业预期、工资预期等趋于下降，消费者普遍缩减支出，增加储蓄。因此，为刺激家庭个人消费，政府需要通过各种途径，如增加工资、增加社会福利、提供消费信贷、降低利率等，使消费者提高支付能力，提升消费等级。

②增加外部需求，促进出口。将外部需求引入国内市场，消化相对过剩的供给能力，是被许多国家的经验所证明了的一条治理通货紧缩的重要途径。在通货紧缩的情况下，一般应采取本币贬值的策略。同时，在国际贸易中还要尽可能争取有利于扩大出口而限制进口的条件。

③改善供给结构，增加有效供给。通货紧缩表现为总供给水平大于总需求水平，导致物价总水平下降。因此，治理通货紧缩最好是双管齐下，一方面应刺激总需求，另一方面还应抑制和调整总供给。为解决好供给问题，最重要的是，一国应适时调整产业结构，并鼓励企业加快技术进步、提高产品质量和改善企业经营管理水平，通过产品结构的改善，增加有效供给。

第十一章 货币政策

一、内容摘要

货币政策作为宏观需求管理政策，在整个国民经济宏观调控体系中居于十分重要的地位。货币政策目标的正确选择、决策程序的科学合理、政策工具的正确使用、政策传导的顺畅都是货币政策作用有效发挥的重要影响因素。本章将对货币政策目标体系、工具、传导机制、政策效果等内容进行介绍。

（一）货币政策及其目标体系

1. 货币政策的含义

货币政策是指中央银行为实现既定的经济目标运用各种工具控制、调节和稳定货币供应量和利率水平，进而影响宏观经济的方针和措施的总和。货币政策作为宏观需求管理政策，在整个国民经济宏观调控体系中居于十分重要的地位。货币政策通常包括三个方面的内容：一是货币政策的目标；二是实现货币政策目标的操作工具和手段，也称为货币政策工具；三是执行货币政策所达到的政策效果。

2. 货币政策的最终目标

货币政策目标包括货币政策的最终目标和中介目标，前者一般是一国宏观经济的目标；货币政策的最终目标主要有四个方面：稳定物价、充分就业、经济增长和国际收支平衡。

3. 货币政策的中介目标

货币政策的中介目标是为实现货币政策的最终目标而设置的可供观察和调整的指标。中介目标按其所处环节、地位和时空约束条件，又可分为近期中介目标（也称为操作目标）和远期中介目标。通常，中央银行在选择货币政策中介目标时主要考虑三条基本标准：一是可测性，即是可以度量的金融变量；二是可控性，即选取的中介目标变量必须能够为中央银行所控制；三是相关性，即必须与货币政策最终目标相关。近期中介目标主要有基础货币和短期利率等；远期中介目标主要有货币供应量和长期利率。

（二）货币政策工具

货币政策目标的实现是通过货币政策工具的运用来完成的。货币政策工具大致可分为一般性货币政策工具、选择性货币政策工具和其他货币政策工具三大类。

1. 一般性货币政策工具

一般性货币政策工具是指各国中央银行普遍运用或经常运用的货币政策工具。一般性货币政策工具包括三种，也称为货币政策"三大法宝"，即存款准备金政策、再贴现政策和公开市场操作。

2. 选择性货币政策工具

选择性货币政策工具是指中央银行针对个别部门、个别企业或某些特定用途的信贷所采用的货币政策工具。在这类货币政策工具中，最常用的有消费者信用控制、证券市场信用控制、不动产信用控制、进口保证金制度、优惠利率等。

3. 其他货币政策工具

在货币政策的具体实践中，除了以上所述的一般性货币政策工具和选择性货币政策工具以外，中央银行还可根据本国的具体情况和不同时期的具体要求，运用一些其他的货币政策工具。这些政策工具可以分为直接的信用控制和间接的信用控制。

（三）货币政策传导机制

货币政策传导机制是指货币当局（中央银行）从运用一定的货币

政策工具到实现其预期目标的途径或所经过的具体过程。也就是说，从货币政策工具的运用到最终目标的实现将有一个过程，在这一过程中，货币政策工具的运用将首先对某些货币政策中介目标产生一定的影响，再通过这些中介目标来影响实际经济活动，从而实现货币政策的最终目标。

（四）货币政策效果

货币政策效果是指中央银行操作货币政策工具后，社会经济运行所作出的现实反应，或货币政策最终目标的实现程度。衡量货币政策效果，一是看货币政策发挥作用的快慢；二是看货币政策的数量效果，即政策的强度如何。

影响货币政策效果的因素有货币政策时滞、微观主体预期、货币流通速度、金融改革与金融创新、政治性因素等。

（五）货币政策与财政政策的配合

在实际操作中，货币政策和财政政策既可以相互替代，又可以相互补充。如果二者配合得当，就可以很顺利地实现宏观调控目标。

1. 货币政策与财政政策的共性与区别

货币政策和财政政策是现代市场经济条件下政府进行宏观经济调控的两大政策手段，他们追求的目标具有一致性，即都服从并服务于政府的宏观经济总目标，共同作用于一国宏观经济。但两者在政策的制定者、政策工具、政策的作用过程以及政策的时滞等方面存在着区别。

2. 货币政策与财政政策的配合

财政政策的特点决定了其具有迅速启动投资、拉动经济增长的作用，但容易引起过度赤字、经济过热和通货膨胀。因此，财政政策发挥的是经济增长引擎作用，对于大的且持久的经济衰退，其只能作短期调整，不能长期大量使用。货币政策通过货币供应量和信贷量进行调节和控制，具有直接、迅速和灵活的特点，但其是以微调为主，在启动经济增长方面效果相对滞后，而在抑制经济过热、控制通货膨胀方面具有长期成效。因此，两种政策应取长补短、搭配使用，才能取得最佳的调控效果。搭配方式主要有松财政、松货币，紧财政、松货币，松财政、紧货币，紧财政、紧货币这四种形式。

二、学习目标

◆ 掌握货币政策的最终目标、中介目标、货币政策的工具及作用机制、影响货币政策效果因素。

◆ 理解货币政策传导机制理论。

◆ 了解货币政策和财政政策相互配合对经济活动的作用与效果。

三、习　题

（一）填空题

1. 货币政策是指_____为实现既定的经济目标、运用各种政策工具控制、调节货币供应量和利率水平，进而影响宏观经济的方针和措施的总和。

2. 货币政策的最终目标与整个国家的宏观经济目标是一致的，主要包括_____、经济增长、_____和_____。

3. 一般性货币政策包括_____、_____、_____三大工具，通常被人们称为三大传统法宝。

4. 当中央银行实行紧缩性货币政策，会_____法定存款准备金率。

5. 效用最猛烈，可能会对经济和社会心理预期产生强烈影响的货币政策工具是_____。

6. 中介目标一般有两种：一种是_____，另一种是_____。

7. _____的作用在于影响信用成本，从而影响商业银行准备金，以达到调整银根松紧的目的。

8. 以利率作为核心变量的货币政策传导机制理论是_____学派的观点。

9. 货币政策效果的衡量，一是看_____，二是看_____。

（二）单项选择题

1. 货币政策的主要制定者和执行者是_____。

   A. 财政部　　　B. 中央银行　　C. 政策性银行　D. 商业银行

2. 各国货币政策的首要目标通常是_____。

   A. 充分就业　　B. 稳定物价　　C. 经济增长　　D. 国际收支平衡

3. 作为货币政策目标的物价稳定是指_____。

   A. 个别商品价格固定不变　　　B. 商品相对价格稳定

   C. 一般物价水平固定不变　　　D. 一般物价水平相对稳定

4. 愿意接受现行的工资水平和工作条件，但仍然找不到工作的是_____。

   A. 充分就业　　B. 非自愿失业　C. 自愿失业　　D. 摩擦性失业

5. 货币政策四大目标之间存在矛盾，任何一个国家要想同时实现是很困难的，但其中呈现一致性的是_____。

   A. 充分就业与经济增长　　　B. 经济增长与国际收支平衡

   C. 物价稳定与经济增长　　　D. 物价稳定与充分就业

6. 下列选项适合作为货币政策的远期中介目标变量的是_____。

   A. 基础货币　　B. 超额准备金　C. 短期利率　　D. 货币供应量

7. 1996 年，中国人民银行开始采用_____为货币政策的中介目标。

   A. 利率　　　　B. 货币供应量　C. 基础货币　　D. 贷款限额

8. 随着金融市场上新型货币政策工具的积极运用，中国人民银行逐步确立的新的货币政策中介目标为_____。

   A. 公开市场利率　　　　　　B. 货币供应量

   C. 基础货币　　　　　　　　D. 贷款限额

9. 下列选项不属于央行货币政策工具的是_____。

   A. 中期借贷便利　　　　　　B. 抵押补充贷款

    C. 公开市场操作   D. 银行票据承兑

10. 下列选项属于一般性货币政策工具的是_____。

    A. 窗口指导   B. 优惠利率   C. 再贴现政策   D. 基础货币

11. 在下列控制经济总量的工具中，中央银行不能完全自主操作的是_____。

    A. 再贴现政策   B. 公开市场业务

    C. 信贷规模控制   D. 法定准备金率

12. 在经济衰退时，中央银行一般会_____法定准备金率。

    A. 调高   B. 降低   C. 不改变   D. 取消

13. 中央银行提高存款准备金率，将导致商业银行信用创造能力的_____。

    A. 上升   B. 下降   C. 不变   D. 不确定

14. 对经济运行影响强烈而不宜常使用的货币政策工具是_____。

    A. 信用配额   B. 公开市场业务

    C. 再贴现政策   D. 存款准备金政策

15. 下列选项不是通过直接影响基础货币变动实现调控的货币政策工具是_____。

    A. 法定存款准备金政策   B. 公开市场业务

    C. 再贴现政策   D. 都不是

16. 下列针对存款准备金政策的说法不正确的是_____。

    A. 效果强烈，对经济波动影响过大，不适宜作为日常调控工具

    B. 显著影响社会公众的心理预期，有固定化倾向

    C. 由于缺乏主动性而使政策的效果大打折扣

    D. 实现效果可能会因为对各类银行的影响不同而难以把握

17. 中央银行最早使用的货币政策工具是_____。

    A. 再贴现政策   B. 存款准备金

    C. 公开市场业务   D. 信贷限制

18. 现代市场经济条件下，最具灵活性的货币政策工具是_____。

    A. 法定存款准备率   B. 再贴现率

    C. 公开市场业务   D. 道义劝说

19. 央行在公开市场业务上大量抛售有价证券，意味着货币政策_____。

    A. 放松   B. 收紧   C. 不变   D. 不一定

20. 央行向一级交易商购买有价证券，并约定在未来特定日期将有价证券卖给一级交易商的交易行为称作_____。

    A. 逆回购   B. 回购   C. 货币发行   D. 货币回笼

21. 部分国家在 20 世纪末采取的以反通货膨胀为目标，以调节_____为主要操作手段的货币政策方法被称为泰勒规则。

    A. 货币供应量   B. 短期利率   C. 长期利率   D. 高能货币

22. 中央银行针对某些特殊的经济领域或特殊用途的信贷而采用的信用调节工具被称为选择性货币政策工具，下列选项属于选择性货币政策工具的是_____。

    A. 窗口指导   B. 优惠利率   C. 再贴现政策 D. 基础货币

23. 提高房地产贷款的首付比率，属于货币政策工具中的_____。

    A. 直接信用控制   B. 间接信用控制

    C. 选择性控制工具   D. 一般性控制工具

24. 下列选项属于选择性货币政策工具的是_____。

    A. 法定存款准备金政策   B. 再贴现政策

    C. 公开市场业务   D. 证券市场信用控制

25. 中国人民银行督促商业银行加强信贷管理、防止一些地区出现房地产泡沫的做法属于_____。

    A. 消费者信用控制   B. 证券市场信用控制

    C. 不动产信用控制   D. 公开市场操作

26. 下列选项属于常见的间接信用控制措施的是_____。

    A. 利率最高限额   B. 预缴进口保证金

    C. 规定商业银行流动性比率   D. 窗口指导

27. 最初由日本央行 2001 年提出的 QE 政策，称作_____。

    A. 量化宽松货币政策   B. 扩张性货币政策

C. 紧缩性货币政策　　　　D. 质量保证政策

28. 下列货币政策操作中，能引起货币供应量增加的是_____。

　　A. 提高法定存款准备金率　　B. 提高再贴现率

　　C. 降低再贴现率　　　　　　D. 中央银行卖出债券

29. 下列货币政策操作中，会减少货币供给的是_____。

　　A. 降低法定存款准备金率　　B. 降低再贴现率

　　C. 降低超额存款准备金率　　D. 发行央票

30. 根据凯恩斯的货币理论，央行提高基准利率将直接导致_____。

　　A. 货币供给增加　　　　　　B. 货币供给减少

　　C. 货币需求增加　　　　　　D. 货币需求减少

31. 托宾 q 理论用来解释货币政策通过影响_____进而影响投资支出，从而影响国民收入的过程。

　　A. 商品市场　　B. 股票价格　　C. 劳动力市场　D. 债券市场

32. 货币政策时滞即_____。

　　A. 内部时滞　　B. 外部时滞　　C. 货币政策制定过程

　　D. 货币政策从研究、制定到实施等时间过程

33. 内部时滞是指作为货币政策操作主体的中央银行制定和实施货币政策的全过程，包括_____。

　　A. 操作时滞和市场时滞　　　B. 操作时滞和决策时滞

　　C. 认识时滞和行动时滞　　　D. 市场时滞和操作时滞

34. 货币政策中介变量发生变化后到目标变量发生变化之间所经历的时间叫做_____。

　　A. 操作时滞　　B. 内部时滞　　C. 市场时滞　　D. 决策时滞

35. 货币政策的外部时滞主要受_____的影响。

　　A. 货币当局对经济发展的预见力

　　B. 货币当局制定政策的效率

　　C. 宏观经济和金融条件

　　D. 货币当局对政策的调整力度

36. _____是指在两个目标之间存在矛盾的情况下，通过适当操

作，将货币政策两大目标都能控制在相对合理的水平。

  A. 统筹兼顾 B. 相机抉择 C. 双边规则 D. 单一规则

37. 坚持货币政策操作应该"相机抉择"的是_____。

  A. 货币学派   B. 凯恩斯学派

  C. 理性预期学派   D. 古典学派

（三）多项选择题

1. 从世界各国来看，货币政策的最终目标主要包括_____。

  A. 稳定物价   B. 促进经济增长 C. 充分就业

  D. 社会稳定   E. 国际收支平衡

2. 衡量社会就业充分与否不考虑_____。

  A. 非自愿失业   B. 自愿失业   C. 摩擦性失业

  D. 季节性临时失业 E. 岗位转换导致的临时失业

3. 货币政策要兼顾两个目标存在困难的有_____。

  A. 物价稳定与充分就业

  B. 物价稳定与经济增长

  C. 物价稳定与国际收支平衡

  D. 经济增长与国际收支平衡

  E. 经济增长与充分就业

4. 中央银行选择中介目标和操作目标时，应当遵循的原则有_____。

  A. 可控性   B. 可测性   C. 相关性

  D. 独立性   E. 目标性

5. 货币政策常用的长期中介指标有_____。

  A. 货币供给量 B. 存款额   C. 投资额

  D. 总需求   E. 利率

6. 货币政策的一般性工具包括_____。

  A. 道义劝告   B. 再贴现政策 C. 存款准备金

  D. 公开市场操作 E. 利率限制

7. 在存款准备金政策的作用过程中，下列说法正确的有_____。

A. 当中央银行实行扩张性货币政策，则会提高存款准备金率

B. 当中央银行实行扩张性货币政策，则会降低存款准备金率

C. 效果非常强烈

D. 在政策实施中，中央银行处于主动地位

E. 在政策实施中，中央银行处于被动地位

8. 我国中央银行公开市场操作的对象主要包括_____。

A. 国债   B. 中央银行票据   C. 政策性金融债券

D. 股票   E. 可转换债券

9. 在公开市场业务的作用中，_____。

A. 当金融市场上资金缺乏，生产衰退时，中央银行就通过公开市场业务买进有价证券

B. 当金融市场上资金过多，投资过度时，中央银行就卖出有价证券

C. 中央银行可以进行连续性、经常性的操作

D. 它具有很好的弹性

E. 它具有很差的弹性

10. 2013 年以来，中央银行在借鉴国外主要经济体央行货币政策工具基础上，推出了新型货币政策工具，包括_____。

A. 公开市场短期流动性调节工具 SLO

B. 常备借贷便利 SLF

C. 中期借贷便利 MLF

D. 抵押补充贷款 PSL

E. 信贷资产质押再贷款

11. 下列对常备借贷便利 SLF 说法正确的有_____。

A. SLF 主要功能是满足金融机构期限较长的大额流动性需求

B. 对象主要是政策性银行和全国性商业银行

C. 期限为 1—3 个月

D. 利率根据货币政策调控、引导市场利率的需要等综合确定

E. 以信用方式发放，无需抵押

12. 中央银行间接信用指导方法有_____。

A. 优惠利率　　　B. 信用额度　　　C. 道义劝说

D. 窗口指导　　　E. 利率限制

13. 下列关于凯恩斯学派货币政策传导机制理论的正确论述有_____。

A. 货币政策传导机制中的核心变量是利率

B. 强调货币供应量在货币政策传导中所具有的直接效果

C. 货币政策的作用必须经过 $M-i$ 和 $i-I$ 两环节，货币政策的作用是间接的

D. 是一种局部均衡的分析

E. 货币政策的传导机制中的核心变量是货币供应量

14. 下列选项中属于后凯恩斯学派的货币政策传导机制理论的有_____。

A. 托宾的 q 理论　　　B. 米什金的货币政策传导理论

C. 国贸贸易传导机制　　D. 货币学派的货币政策传导机制

E. 信贷传导机制理论

15. 中央银行调高利率的政策效果有_____。

A. 货币需求量下降　　　B. 货币供给量下降

C. 通货膨胀受到抑制　　D. 居民收入水平上升

E. 股票价格指数下跌

16. 紧缩的货币政策主要包括_____。

A. 提高法定准备金率　　B. 央行做逆回购

C. 提高再贴现率　　　　D. 央行出售政府债券

E. 央行在公开市场买入证券

17. 宽松的货币政策主要包括_____。

A. 提高法定准备金率

B. 降低存款准备金率

C. 降低贴现率

D. 中央银行在公开市场上卖出证券

E. 中央银行在公开市场上买入证券

18. 当经济发生衰退时，可采取的宏观调控措施有_____。

A. 增加税收　　　　B. 减少税收　　　　C. 央行购进有价证券

D. 扩大政府公共支出　　　　E. 降低利率

19. 影响货币政策效果的因素有＿＿＿＿。

A. 货币政策时滞　　　B. 金融改革与金融创新

C. 货币流通速度　　　D. 政治性因素　　　E. 充分就业

20. 货币政策时滞以中央银行为界限可分为＿＿＿＿。

A. 内部时滞　　　　B. 外部时滞　　　　C. 认识时滞

D. 行动时滞　　　　E. 分析研究时滞

21. 货币政策中的内部时滞可分为＿＿＿＿。

A. 决策时滞　　　　B. 认识时滞　　　　C. 行动时滞

D. 作用时滞　　　　E. 控制时滞

（四）判断题

1. 一国货币政策的目标是发行货币、维护货币流通秩序、打击伪造货币的犯罪。（　　）

2. 在经济紧缩时期，保持物价稳定和充分就业是货币政策的首要目标。（　　）

3. 国际收支平衡是指一个国家在一定时期内对其他国家全部货币收入和全部货币支出相抵后基本平衡，必须无顺差或逆差。（　　）

4. 菲利普斯曲线说明了稳定物价与经济增长之间的矛盾。（　　）

5. 中央银行贴现率的变化可以作为同业拆借利率和其它市场利率变化的信号，这说明贴现率的调整一定会对未来市场利率变化的方向产生影响。（　　）

6. 再贴现政策一定很有效。（　　）

7. 当中央银行要实施反通货膨胀的货币政策时，可以采取降低法定准备金率的办法。如果中央银行要阻止经济衰退，则可以提高法定准备金率。（　　）

8. 中央银行买卖证券一般只能在证券发行市场上买卖。（　　）

9. 中央银行票据即中国人民银行发行的短期债券，央行通过发行央行票据可以投放基础货币，央行票据到期则体现为回笼基础货

币。（　　）

10. 中央银行进行公开市场操作不仅可以调节货币供应量，还可以影响利率。当中央银行在公开市场上买入政府债券时，一方面会使货币供应量增加，另一方面，会使市场利率下降。（　　）

11. 实施公开市场业务时，中央银行处于主动地位。（　　）

12. 规定商业银行的流动性比率，是限制信用扩张的直接管制措施之一。提高流动性比率，可以起到限制信用扩张的作用。（　　）

13. 只要公众有理性预期行为，就会削弱货币政策的效果。（　　）

14. 外部时滞是指制定政策的时滞，即从认识到需要改变政策，到提出一种新的政策所需耗费的时间。（　　）

15. 货币政策和财政政策是国家对经济实施宏观调控的两大主要手段。（　　）

16. 在经济萧条时应采取扩张性的财政政策，而在经济膨胀时应采取紧缩的货币政策。（　　）

17. 货币政策对国民收入的作用是间接的，而财政政策对物价水平的作用是直接的。（　　）

18. 双紧政策对付恶性通货膨胀有"立竿见影"之效，但会付出经济萎缩的代价。（　　）

（五）名词解释

1. 货币政策

2. 货币政策中介目标

3. 存款准备金政策

4. 再贴现政策

5. 公开市场操作

6. 货币政策传导机制

7. 货币政策时滞

8. 相机抉择

9. 单一规则

（六）问答题

1. 试述货币政策最终目标及含义。

2. 试述货币政策中介目标的选择标准是什么？并说明中央银行在制定货币政策时，能否同时确定货币供给目标和利率目标？

3. 简述货币政策工具主要有哪些？

4. 试述一般性货币政策工具的基本内涵及作用过程。

5. 试述凯恩斯学派和货币学派关于货币政策传导机制的理论分歧。

6. 简述影响货币政策效果的因素。

（七）论述题

1. 讨论国际收支双顺差对我国货币政策主动性和有效性的影响。

（八）材料分析题

1. 材料：互联网金融泛指一切通过互联网技术或平台实现资金融通的行为，它是一种依靠互联网技术来实现资金融通、开展信息中介业务等的新型金融模式。互联网金融的蓬勃发展展现了其强大的生命力，给我国金融市场注入了新的活力，正日益成为金融市场的有益补充。但是，互联网金融在改善人们日常生活，提高金融市场资金配置效率的同时，也对传统金融市场产生巨大影响，形成其独立于当前银行体系的信用创造机制，对货币的供求产生冲击，进而影响我国货币政策的有效性。

互联网金融快速发展所带来的"存款搬家"、银行业改革、货币基金崛起等现象正在改变着金融市场格局，也逐步对货币政策产生影响。

（资料来源：邹新月、罗亚南、高杨：《互联网金融对我国货币政策影响分析》，《湖南科技大学学报（社会科学版）》2014年第7期）

（1）从凯恩斯货币需求理论角度，分析互联网金融对货币需求的影响。

（2）从货币定义体系及货币供给模型角度，分析互联网金融对货币供给的影响。

（3）讨论互联网金融对一般性货币政策工具作用效果的影响。

四、参考答案

（一）填空题

1. 中央银行

2. 稳定物价、充分就业、国际收支平衡

3. 存款准备金政策、再贴现政策、公开市场操作

4. 调高

5. 准备金政策

6. 利率、货币供应量

7. 再贴现政策

8. 凯恩斯

9. 货币政策发挥作用的快慢、货币政策的数量效果

（二）单项选择题

1-5　B　B　D　B　A　6-10　D　B　A　D　C

11-15　A　B　B　D　A　16-20　C　A　C　B　A

21-25　B　B　C　D　C　26-30　D　A　C　D　D

31-35　B　D　C　C　C　36-37　A　B

（三）多项选择题

1. ABCE　2. BCDE　3. ABCD　4. ABC　5. AE

6. BCD　7. BCD　8. ABC　9. ABCD　10. ABCDE

11. ABCD　12. CD　13. ACD　14. AB　15. ACE

16. ACD　17. BCE　18. BCDE　19. ABCD　20. AB　21. BC

（四）判断题

1. ×　2. ×　3. ×　4. ×　5. √　6. ×　7. ×　8. ×　9. ×　10. √
11. √　12. √　13. √　14. ×　15. √　16. √　17. ×　18. √

（五）名词解释

1. 货币政策：是指中央银行为实现既定的经济目标运用各种工具控制、调节货币供应量和利率水平，进而影响宏观经济的方针和措施的总和。

2. 货币政策中介目标：指从货币政策工具的运用到货币政策最终目标的实现这一相当长的作用过程中，帮助政策制定者及时了解政策工具使用是否恰当、政策目标能否实现，一些可以被量化和操作的传导性金融变量。

3. 存款准备金政策：指中央银行通过调整法定存款准备金比率，来影响商业银行的信用创造能力，从而影响货币供应量的一种政策措施。

4. 再贴现政策：是中央银行通过制定和调整再贴现率来影响商业银行的信贷规模和市场利率以实现货币政策目标的一种手段。一般包括两方面内容：一是再贴现率的确定和调整，二是规定何种票据有贴现的资格。

5. 公开市场操作：中央银行通过公开市场上买进或卖出有价证券（主要是政府短期债券）来投放或回笼基础货币，以控制货币供应量，并影响市场利率的一种行为。

6. 货币政策传导机制：是指货币当局（中央银行）从运用一定的货币政策工具到实现其预期目标的途径或所经过的具体过程。也就是说，从货币政策工具的运用到最终目标的实现将有一个过程，在这一过程中，货币政策工具的运用将首先对某些货币政策中介目标产生一定的影响，再通过这些中介目标来影响实际经济活动，从而实现货币政策的最终目标。

7. 货币政策时滞：货币政策时滞也称为货币政策作用时滞，它是指货币政策从研究、制定到实施后发挥实际效果的全部时间过程。

8. 相机抉择：是指货币当局或中央银行在不同时期，应根据不同的经济形势，灵活机动地选择不同的货币政策，以达到当时最需要达到的政策目标。具体而言，在通货膨胀时期应当实行紧缩性的货币政策，抑制通货膨胀；而在经济萧条时期，应当实行扩张性的货币政策，以刺激投资，促进经济复苏。

9. 单一规则：是指货币当局在政策目标选择上只应公开宣布在今后若干年内货币供应量的增长率，并保持一个固定不变的数值，这就可保证物价水平的稳定和经济的稳定增长。

（六）问答题

1. 答案要点：所谓货币政策目标是指中央银行制定和实施某项货币政策所要达到的特定的经济目标。实际上就是货币政策的最终目标。目前，西方发达国家的货币政策有四大目标，即物价稳定、充分就业、经济增长和国际收支平衡。

（1）稳定物价一般是指通过实行适当的货币政策，保持一般物价水平的相对稳定，以避免出现通货膨胀或通货紧缩。

（2）充分就业一般是指消除一国经济中的非自愿失业，即由于工人们不愿接受现行的工资水平和工作条件而造成的失业。它的实现并不意味着失业率降为零，仍存在着自愿失业和摩擦失业。

（3）经济增长即促进经济的增长。一般用人均国民生产总值作为衡量指标。

（4）国际收支平衡指一国对其他国家的全部货币收入与全部货币支出保持基本平衡。

2. 答案要点：中央银行选择货币政策的中介目标时，主要考虑三个标准：可测性、可控性、相关性。可测性是指中央银行选择的金融变量必须具有明确合理的内涵和外延，中央银行能够迅速而准确地获取有关变量指标的资料数据，并且易于进行定量分析。可控性是指中央银行能够通过运用各种政策手段，来对中介目标变量进行有效的控制和调节，能够准确地控制中介目标变量的变化情况和变动趋势。相关性是指中介目标必须与货币政策最终目标密切相关，这样就能保证中央银行能通过控制和调节中介目标促使最终目标的实现。

中央银行在确定中介目标时，利率目标和货币供应量目标是互不相容的。例如，当选用货币供应量目标时，由于产出增减、物价变化或公众持有货币偏好的意外变动等因素，货币需求会发生变化，在货币供给不变的情况下，利率将随货币需求的变动而波动。当选用利率目标时，若货币需求变动，如需求下降，则利率下降，债券价格上升，中央银行若想盯住利率目标，将通过出售债券以促使债券价格下降和利率回升到原来水平，此时，中央银行的公开市场出售导致货币供应量的减少。

3. 答案要点：货币政策工具分为一般性货币政策工具、选择性货币政策工具和其他货币政策工具这三大类。

一般性的货币政策工具是指各国中央银行普遍运用的、对整体宏观经济产生影响的货币政策工具。一般性的货币政策工具包括存款准备金政策、再贴现政策、公开市场操作。

选择性的货币政策工具是指中央银行针对个别部门、个别企业或某些特定用途的信贷所采用的货币政策工具。选择性的货币政策工具包括证券市场信用控制、不动产信用控制、消费者信用控制等。

除了上述一般性的货币政策工具和选择性的货币政策工具以外，中央银行还可根据本国的情况和不同时期的具体需要，运用一些其他的货币政策工具。这其中，既有直接的信用控制，也有间接的信用控制。直接的信用控制具体包括信贷配给、流动性比率、利率上限等；间接的信用控制包括窗口指导、道义劝告等。还有诸如常备借贷便利、中期借贷便利、抵押补充贷款、短期流动性调节等新型货币政策工具

4. 答案要点：一般性货币政策工具包括三种，也称为货币政策"三大法宝"，即存款准备金政策、再贴现政策和公开市场操作。

存款准备金政策是指中央银行通过调整法定准备金比率，来影响商业银行的信用创造能力，从而影响货币供应量的一种政策措施。如果中央银行降低法定准备金率，商业银行就会有较多的超额准备金可用于发放贷款，进而通过整个银行体系的连锁反应创造出更多的派生存款。反之，如果中央银行提高法定准备金率，商业银行的超额准备金就会减少，甚至会发生法定存款准备金的短缺，从而减少贷款规模，在必要时

还必须提前收回贷款或出售证券，以补足法定存款准备金。在这种情况下，商业银行只能创造出较少的派生存款，甚至引起存款货币的成倍紧缩。因此，法定准备金率的变动同货币供应量成反比例关系。一般来说，在经济处于需求过度和通货膨胀的情况下，中央银行可以提高法定存款准备金率，以收缩信用规模及货币供应量；如果经济处于衰退状况，中央银行就可以降低法定准备金率，使商业银行及整个金融体系成倍扩张信用及货币供应量，以刺激经济增长，摆脱衰退的阴影。

再贴现政策是中央银行通过制定和调整再贴现率来影响商业银行的信贷规模和市场利率，以实现货币政策目标的一种手段。当商业银行发生资金短缺，或因扩大信贷规模而需要补充资金时，商业银行可能凭其贴现业务中取得的未到期的商业票据向中央银行办理再贴现，再贴现率由中央银行根据当时的经济形势和货币政策的最终目标确定。再贴现政策一般包括两个方面的内容：一是再贴现率的确定与调整；二是规定何种票据有贴现的资格。前者主要着眼于短期，即中央银行根据市场的资金供求状况，随时对再贴现率进行调整，以影响商业银行借入资金的成本，刺激或抑制对贴现资金的需求，从而调节货币供应量。后者则着眼于长期，对要再贴现的票据种类和申请机构加以规定，并区别对待，以起到抑制或扶持票据出票人或持票人的作用，改变社会资金的流向，调整经济结构。当中央银行提高再贴现率时，商业银行要减少从中央银行的再贴现借款，减少流通中的货币供应量。反之，则增加再贴现借款，增加流通中的货币供应量。当中央银行降低再贴现率时，就意味着中央银行实行的是一种扩张性的货币政策；而当中央银行提高再贴现率时，就意味着中央银行实行的是一种紧缩性的货币政策。

所谓公开市场操作，是指中央银行通过在公开市场上买进或卖出有价证券（主要是政府短期债券）来投放或回笼基础货币，以控制货币供应量，并影响市场利率的一种行为。当金融市场上资金短缺时，中央银行通过公开市场操作买进有价证券，这就相当于向社会注入一笔基础货币，从而增加货币供应量；相反，当金融市场上资金过多时，中央银行可以通过卖出有价证券回笼货币，收缩信贷规模，从而减少货币供应量。

5. 答案要点：凯恩斯学派认为货币政策必须通过利率来加以传导，因此货币政策的中介目标应是利率，即 $M{\rightarrow}i{\rightarrow}I{\rightarrow}Y$。其次，从货币政策的传导机制来看，货币政策的作用是间接的，它必须经过两个中间环节，如其中一个出问题，则货币政策将无效，强调财政政策的有效性，认为货币政策是不可靠的。

货币学派认为货币供应量的变动无需通过利率加以传导，而可直接引起名义收入的变动，即 $M{\rightarrow}Y$。央行通过货币政策的操作只能控制货币供应量，而不能控制利率，货币供应量的变动将直接导致名义收入的变动。

6. 答案要点：

（1）货币政策时滞

货币政策时滞也称为货币政策作用时滞，它是指货币政策从研究、制定到实施后发挥实际效果的全部时间过程。它包括内部时滞和外部时滞，而内部时滞又包括认识时滞和行动时滞，外部时滞又包括操作时滞和市场时滞。

（2）微观主体预期

以美国经济学家卢卡斯为代表的理性预期学派认为由于理性预期的存在，货币政策往往是无效的。实际的情况是，即使社会公众的预期相当准确，但要采取具体对策或者是这些对策要发生作用也会有一定的时滞。货币政策在现实生活中还是可以奏效的，公众的预期只是使货币政策效果打了一个折扣。

（3）货币流通速度

对于货币流通速度的一个较小变动，如果政策制定者未能预料到或者估算时出现差错都可能使货币政策的效果受到影响，严重时甚至会使本来正确的货币政策走向反面。

（4）金融改革与金融创新

一方面，以"自由化"为特征的金融改革和金融创新在一定程度上提高了货币当局调控货币运行的能力。另一方面，利率自由化、金融工具的多样化以及金融市场一体化又在一定程度上影响了货币政策的制定、实施和效果。

（5）政治性因素

任一项货币政策的实施都会给不同的阶层、集团、部门或地方的利益带来一定的影响。此外，在西方国家，货币政策还会受到政治性经济周期的影响。

（七）论述题

1. 答案要点：（1）造成人民币持续的升值压力。当一国经常项目出现盈余即顺差时，私人部门持有的净国外资产增加，使得实际持有外国资产的比例大于意愿比例，人们会将多余的外国资产转换为本国资产，从而外汇汇率下跌，本币升值。

（2）外部失衡导致我国货币政策主动性和有效性下降，操作难度上升。①强制结售汇制度导致基础货币增长被动地受外汇储备增长的影响，外汇占款持续增加，人民银行控制基础货币的主动性下降。②造成央行对冲操作的难度增加。国际收支双顺差导致外汇储备激增，央行在进行公开市场业务操作时，如果不进行对冲操作，必然导致货币供应过多，从而引发通货膨胀。而对冲操作的主要方式是卖出国债和央行票据，它们有限的发行量难以赶上外汇储备的增加速度。③被动投放基础货币也导致了央行货币政策效果的减小。中央银行资产负债表中资产方增加则意味着社会流动性的增加，央行被动地大量投放基础货币，因而造成流动性过剩。针对这种情况，央行只能采取紧缩性的货币政策，但是货币政策工具的有限性以及操作的被动性，都使得央行货币政策效果会打折扣。

（八）材料分析题

答案要点：（1）货币需求角度：互联网金融产品的高流动性、高收益性引起货币需求的不稳定。

互联网金融能大大降低交易成本，提高金融产品的盈利能力，同时还会影响到公众货币需求结构。从凯恩斯货币需求理论来说，公众持有货币的动机有三种：交易动机、预防动机和投机动机。随着互联网金融的高收益、低成本、转换时间快等优势缩小了支付资金和储蓄资金之间的转换成本，这使得持有现金和银行存款的机会成本显著提高，降低了人们因预防而持有货币的动机，同时互联网金融产品的高盈利性又放大了投机动机，刺激部分预防性货币向投机性货币转变，因此交易性、预防性货币需求减少，相应地投机性需求增加，货币需求结构改变，货币需求的稳定性下降。

（2）货币供给角度：货币层次界限模糊，货币供给量难以控制。

互联网金融的发展提高了各层次货币的流动性，导致难以明确界定狭义货币和广义货币的界限，传统货币不断向虚拟货币转化，界定各层次货币时更加复杂。互联网金融中第三方支付平台兴起后，人们的支付方式更为便捷，导致人们对银行活期存款需求的锐减，虚拟货币使界定M_0、M_1、M_2等不同层次货币的内涵更加困难，M_0、M_1频繁波动，对现有狭义货币体系的计量造成不利，而作为宏观调控目标的M_2的监测分析也出现困难。

货币供给量部分失控的另一个原因是货币乘数的不稳定。货币乘数计算公式是：$m_1 = (c+1) / (r_d+e+c)$，r_d、e、c分别指法定准备金率、超额准备金率、现金漏损率。第三方平台支付手段的发展，加大现金持有成本，现金漏损率下降；互联网理财产品大多投资于货币市场基金，商业银行在头寸不足时可以快速且低成本的筹资，P2P分流中小微贷款业务降低了银行贷款业务的整体风险，这两者都降低了银行超额准备金水平。

（3）货币政策工具角度。①互联网金融削弱了再贴现政策的作用。再贴现率指中央银行对商业银行及其他商业机构的放款利率。再贴现政策主要包括规定再贴现条件和调整再贴现率两部分，再贴现政策的作用效果与金融机构对央行再贴现的依赖程度成正比。传统金融机构对中央银行的依赖度大，再贴现率的高低影响其对中央银行的借款额；而随着互联网金融的发展，金融市场的融资渠道大大增加，如果商业银行或者金融机构出现资金不足问题时，可以通过互联网金融产品来融资，互联网金融产品与商业银行融资相比，具有成本低且方便简单的特点，这使得再贴现率的波动性增强、作用范围缩小，在货币政策中的重要性大大减弱，因此通过变动再贴现率来控制货币供给量的作用越来越小，互联网金融在一定程度上减少了金融机构对再贴现政策的依赖度，大大降低了货币政策的传导效率。

②互联网金融降低了存款准备金的作用。商业银行和其他金融机构都必须留有一定的存款准备金，以保障整个金融体系的有序运转。存款准备金政策的作用机制主要就是央行通过调整法定存款准备金率来影响货币乘数，再作用于货币供应量。对广大投资者来说，互联网金融的发展为其提供了广阔的资本利用空间，通过金融市场上的各种融资渠道，从商业银行分流到非存款类金融机构，这类金融机构不受存款准备金约束，商业银行作为货币政策导体的作用被严重削弱，这使央行期望通过调整准备金数量来控制货币供给量效果减弱。

③互联网金融强化公开市场操作效果。相对于存款准备金政策和再贴现政策来说，公开市场操作具有较大的灵活性、主动性、可逆性以及可控性，一直以来，公开市场操作都是央行控制货币发行量的最重要工具，是比较灵活的金融调控工具。它的作用机制是央行通过买卖债券影响货币市场利率进而影响资本市场利率。随着互联网金融的发展，金融机构的资产负债结构必会发生较大变化，同时在公开市场上有着大量种类繁多、可供买卖的金融工具。对债券的需求越大，其价格也会大幅上升，而有价证券的产品价格变化会影响到市场中其他金融产品的价格，因此金融市场主体为了调整资产组合、补充流动性资产，会主动地参与公开市场活动，政府通过调整公开市场业务，便可使金融市场主体对公开市场业务的依赖度逐渐增强，能更好地配合货币当局操作，提高货币政策效果。

第十二章　金融监管

一、内容摘要

本章主要内容包括金融监管的含义、金融监管的必要性、金融监管的理论、发展趋势，金融监管的目标及基本原则，金融监管的内容、金融监管的方法，代表性国家的金融监管体制，以及中国的金融监管体制等。

（一）金融监管概述

1. 金融监管的含义

金融监管是一个复合概念，内含金融监督与金融管理的双重属性。现代金融监管有狭义与广义之分，狭义的金融监管是指金融监管当局依据国家法律的授权对整个金融业实施监管；广义的金融监管还包括金融机构的内部控制和稽核、同业自律性组织的监管、社会中介组织的监管等。

2. 金融监管的必要性

金融业与国民经济各部门有着密切的联系，20 世纪 90 年代以来的金融危机使金融监管的必要性更加突出。从金融业本身的特点看，金融监管的必要性在于金融领域的外部性、信息不对称、金融的脆弱性等。

3. 金融监管理论

金融监管的理论是在人们对实践总结的基础上逐渐发展起来的。金融监管的理论包括社会利益论、社会选择论、特殊利益论、金融风险论、保护债权论、追逐论以及管制新论等。

4. 金融监管的发展趋势

金融监管的未来发展需要各国在监管的激励相容、创新与监管的协调并重、注重监管的成本收益比较、监管的技术性与科学性、宏观审慎监管、监管框架的全球化方面做出努力。

（二）金融监管的目标与原则

1. 金融监管的目标

金融监管的基本目标是保证金融业的稳定与健康，提高金融体系的效率，促进经济发展。在各国虽然侧重有所不同，但是基本上包括金融机构经营活动和金融体系的安全、促进金融业公平竞争以提高效率以及确保金融机构经营活动与监管当局政策目标的一致性。

2. 金融监管的原则

金融监管的基本原则包括：监管主体独立性的原则、依法监管的原则、内控与外控相结合的原则、稳健运行与风险预防的原则、母国与东道国共同监管的原则等。

（三）金融监管的内容与方法

金融监管的基本内容为事前的准入监管、市场运作的监管和事后的市场退出监管。监管的基本方法有现场检查、报表稽核、加强监管对象的内部控制、内外部审计结合法以及其他手段。

（四）金融风险与金融监管

金融风险是指金融机构在从事金融活动时，因为各种不确定性因素的存在而使其资产产生损失的可能性。按风险性质，其可划分为系统性金融风险和非系统性金融风险；按风险形态，其可划分为利率风险、汇率风险、信用风险、操作风险、流动性风险和法律风险。

金融风险和金融监管二者相辅相成，不可分割。其中，微观审慎监管是从单个金融机构风险控制的角度自下而上的监管，它侧重于对金融机构的个体行为和风险偏好的监管。宏观审慎监管作为微观审慎监管的补充，从全局性和系统性的角度对风险进行调控和监管，以防范系统性金融风险和实现金融稳定。近年来，微观审慎监管和宏观审慎监管逐渐走向协同，二者相互依存、相互渗透。

（五）金融监管体制

由于各国经济发展、历史文化、传统习惯等方面的差异，它们的监管体制也各不相同，从监管的业务范围来划分，可以分为集中监管体制和分业监管体制。随着金融自由化与全球化的快速发展，金融监管体制也发生了变化，呈现出从机构型监管向功能型监管转向的趋势。

（六）中国的金融监管体制

中国的金融监管体制是在改革开放后，伴随着金融体制改革和金融体系的形成逐步建立和完善的，目前实行的是在中央金融委统一领导下的分业监管体制。

二、学习目标

◆ 重点掌握金融监管的内容、金融风险与金融监管的关系及中国金融监管的现状。

◆ 掌握金融监管的含义、目标、原则、方法和内容，金融监管体制的含义和划分方法。

◆ 理解金融监管、金融监管体制的发展趋势及目前中国金融监管中的问题。

◆ 了解金融监管的必要性、金融监管的相关理论，世界主要国家的金融监管体制类型与中国金融监管体制的演进历程。

三、习　题

（一）填空题

1. 金融监管的目标是保证_____，提高_____，促进_____。

2. 巴塞尔委员会通过的《有效银行监管核心原则》提出，内部控制的目的是确保一家银行的业务能根据董事会制定的政策以_____的方式经营。内控制度包括三方面主要内容：_____、_____和_____。

3. 英国政府1997年公布了金融服务业监管体制改革方案，从英格兰银行中分离出银行监管职能，并入证券与投资委员会，并进一步改组为_____，统一负责对_____、_____、_____以及_____的监管。

4. 主要经济体中实行分业监管体制的国家和地区主要有_____和_____。

5. 2003年4月28日，_____挂牌成立，由其与之前成立的_____和_____分别对不同的金融机构实施监管，形成中国金融业的监管体制。2018年3月3日，《国务院机构改革方案》中将_____和_____的职责整合，组建_____。2023年3月，根据《党和国家机构改革方案》，在_____基础上组建_____，将中国人民银行对金融控股公司等金融集团的日常监管职责、有关金融消费者保护职责以及中国证券监督管理委员会的投资者保护职责划入其中。

（二）单项选择题

1. 目前，各国认为保证金融业稳健运行和经济、社会健康发展的关键是通过加强_____。

　　A. 金融管理　　B. 金融监管　　C. 金融防范　　D. 金融抑制

2. 狭义的金融监管定义对金融机构实施监管的主要法定机构是_____。

    A. 商业银行   B. 政府机构   C. 中央银行   D. 财政部门

3. 金融监管制度的供给不包括_____。

    A. 政府   B. 行业协会   C. 投资者   D. 金融机构

4. 金融监管必须依据现行的金融法规，保持监管的严肃性、权威性、强制性这体现了金融监管的原则是_____。

    A. 有机统一原则   B. 依法监管原则

    C. 稳健运行与风险预防原则   D. 监管主体独立性原则

5. 依法监管原则是指_____。

    A. 金融监管必须依法而行   B. 金融机构必须依法经营

    C. 金融运行必须依法管理   D. 金融调控必须依法操作

6. 我国《银行业监督管理法》经 2006 年修正后，正式实施于_____年。

    A. 2006   B. 2007   C. 2008   D. 2009

7. 下列关于银行业监管内容的说法正确的是_____。

    A. 只要符合条件就可以设立银行

    B. 我国商业银行可以从事信托投资和股票业务

    C. 银行不得向关系人发放信用贷款

    D. 商业银行资本充足率不得小于 40%

8. 根据我国新《商业银行法》第十三条规定：设立全国性商业银行的注册资本最低限额为_____人民币。

    A. 一百亿元   B. 十亿元   C. 一亿元   D. 五千万元

9. 《巴塞尔协议》主要解决的是_____。

    A. 银行资本金问题   B. 共同抵御银行风险

    C. 银行间相互代理支付问题   D. 银行信用卡联网

10. 根据《巴塞尔协议 I 》的要求，商业银行的资本充足率要达到_____。

    A. 4%   B. 6%   C. 8%   D. 10%

11. 对银行贷款集中度的监管属于_____。

A. 预防性监管　　　　　　　B. 救援性监管

C. 事后补救监管　　　　　　D. 机构监管

12. 国际通行的贷款五级分类为正常、关注、次级、可疑、损失贷款，其中不良贷款是指_____。

A. 后三类　　　B. 前三类　　　C. 前两类　　　D. 后两类

13. 对同一家金融机构不同时期增长或下降比率进行分析比较，以观察并预测其变化趋势的报表稽核方法为_____。

A. 趋势分析法　B. 对比分析法　C. 前两类　　　D. 后两类

14. 下列选项不属于微观审慎监管工具的是_____。

A. 贷款价值比　　　　　　　B. 拨备覆盖率

C. 不良贷款率　　　　　　　D. 大额风险暴露监管

15. 我国的金融监管体制属于_____。

A. 集中监管体制　　　　　　B. 分业监管体制

C. 牵头式监管模式　　　　　D. 双峰式监管模式

16. 下列选项不是金融监管的"三道防线"的是_____。

A. 预防性监管　B. 最后贷款人　C. 现场检查　　D. 存款保险制度

17. 下列关于功能型金融监管体制的说法不正确的是_____。

A. 功能型金融监管不需要建立专门的监管机构，而由中央银行负责全面监管

B. 功能型监管更能适应混业监管的趋势

C. 功能型监管有利于减少监管职能的冲突、交叉重叠或监管盲区

D. 美国《金融服务现代化法案》采用了功能型监管的理念

（三）多项选择题

1. 金融监管的要素包括_____。

A. 金融监管的主体　B. 金融监管的客体　C. 金融监管的目标

D. 金融监管的方法　E. 金融监管的机构

2. 金融监管的一般理论包括_____。

A. 社会利益论　　　　B. 社会选择论　　　　C. 特殊利益论

D. 金融风险论　　　E. 保护债权论

3. 具体来讲，金融监管的目标主要包括_____。

A. 保护金融体系的安全与稳定

B. 维护存款人和公众的利益

C. 保证中央银行货币政策的顺利实施

D. 维持物价的稳定

E. 提高资金效率

4. 金融监管的作用_____。

A. 有利于维护银行信用活动在社会再生产过程上的良性运转

B. 有利于保持货币制度和经济秩序稳定

C. 有利于防范金融风险传播

D. 有利于中央银行贯彻执行货币政策

E. 有利于提高融资效率

5. 金融监管的基本原则主要有_____。

A. 依法监管　　　B. 监管主体独立　　　C. 内控与外控相结合

D. 稳健运行与风险预防

E. 母国与东道国共同监管

6. 金融监管的成本既包括直接的资源占用与消耗，又包括可能的效率下降，后者可以具体分为_____。

A. 道德风险

B. 监管者执行监管耗费的资源

C. 融资体系效率下降的经济福利损失

D. 被监管者遵守监管条例耗费的资源

E. 阻碍创新

7. 金融机构的市场准入原则，主要包括_____。

A. 机构准入　　　B. 业务准入　　　C. 客户准入

D. 高级管理人员准入E. 监管人员准入

8. 在2003年《巴塞尔协议Ⅱ》中，被称为《巴塞尔协议》三大支柱的是_____。

A. 监管当局的监督检查

B. 治理结构　　　　C. 最低资本要求

D. 市场约束　　　　E. 核心资本

9. 金融监管的方法包括_____。

A. 现场检查

B. 报表稽核

C. 加强监管对象的内部控制

D. 内外部审计相结合

E. 提醒监管对象注意

10. 运用现场检查法，主要是检查金融机构的_____。

A. 资本充足状况　　B. 清偿能力　　　C. 管理质量

D. 财务报告　　　　E. 内控制度

11. 金融风险的特征包括_____。

A. 客观性　　　　　B. 可控性　　　　C. 隐蔽性

D. 突发性　　　　　E. 扩散性

12. 从风险性质，金融风险可以划分为_____。

A. 系统性金融风险　B. 非系统性金融风险

C. 利率风险　　　　D. 汇率风险　　　E. 流动性风险

13. 下列关于微观审慎监管和宏观审慎监管的说法正确的有_____。

A. 微观审慎监管主要关注个体金融机构的财务状况和风险管理

B. 宏观审慎监管侧重于整个金融系统的稳定性和防范系统性风险

C. 微观审慎监管通常由中央银行负责

D. 宏观审慎监管的工具包括流动类和信贷类等

E. 微观审慎监管的目标是防范整个金融系统的崩溃

14. 狭义的宏观审慎监管主要关注_____。

A. 金融体系不稳定对实体经济的影响程度

B. 具有系统影响力的内容

C. 内生性风险

D. 金融体系与实体经济的相互关系和作用

E. 金融机构个体风险

15. 下列选项属于流动类宏观审慎监管工具的有_____。

  A. 流动性覆盖率   B. 核心融资比率   C. 存款准备金要求

  D. 净稳定融资比率   E. 流动性附加缓冲

16. 金融监管体制的模式包括_____。

  A. 集中监管体制   B. 分业监管体制   C. 机构型监管体制

  D. 功能型监管体制   E. 单峰式监管模式

17. 实行集中监管体制的原因包括_____。

  A. 取决于银行机构提供金融服务的水平

  B. 取决于金融监管的水平

  C. 取决于金融自由化和金融创新的发展程度

  D. 集中监管体制具有明确的分工

  E. 国家体制

（四）判断题

1. 金融监管的目标是评价金融监管优劣的标准，也是实现有效金融监管的前提和监管当局采取监管行为的依据。（   ）

2. 维护本国金融体系的安全稳定成为金融监管当局进行金融监管的首要目标。（   ）

3. 金融当局宏观监管体系和金融机构内部监管体系在金融监管中起主导作用，金融业行业自律体系和社会监督方法体系起重要补充作用。（   ）

4. 世界各国共同坚持的监管政策之一是确保金融机构安全稳健地经营业务。（   ）

5. 我国新《商业银行法》第四十三条规定："商业银行在中华人民共和国境内不得从事信托投资和证券经营业务，不得向非自用不动产投资或者向非银行金融机构和企业投资。"（   ）

6. 我国规定，当金融机构出现连续 3 年亏损额占资本金的 10% 或亏损额已占资本金的 15% 以上等情况时，监管部门应当令其关闭。（   ）

7. 对处于危机中的金融机构给予救助的"最后贷款人"通常由财政部担任。（　　）

8. 金融监管的现场检查方法包括常规检查、临时检查和稽核调查等，以评估金融机构是否符合监管规定和法规，并防范潜在的风险。（　　）

9. 金融监管降低了金融风险，金融风险变化则会促进金融监管的完善。（　　）

10. 微观审慎监管主要关注个体金融机构的财务状况和风险管理，而宏观审慎监管侧重于整个金融系统的稳定性和防范系统性风险。（　　）

11. 金融监管的激励相容主要是在金融监管中更多引入市场机制，将金融机构的内部管理和市场约束纳入监管范畴，引导其来支持监管目标的实现。（　　）

12. 分业监管体制适应于金融业发展水平比较低、金融产品相对简单、金融业务量相对较小、金融风险控制相对较易的国家和地区。（　　）

13. 在混业经营体制下，分业监管体制的效力是最低的。（　　）

14. 分业监管也称功能型监管。（　　）

15. 美国的分业监管体制是基于美国目前仍然实行的金融业分业经营法律。（　　）

16. 集中监管体制适用于金融业发展水平较高、金融品种丰富、金融产品特性相对较复杂、金融风险控制难度高的国家和地区。（　　）

17. 1994 年的金融体制改革以后，人民银行将其证券、保险、银行监管职责分别转交给了证监会、保监会、银监会，其已不再有金融监管职责，专心制定与执行货币政策。（　　）

（五）名词解释

1. 金融监管

2. 功能型监管

3. 机构型监管

4. 微观审慎监管

5. 宏观审慎监管

（六）问答题

1. 简述金融监管的必要性。

2. 简述金融监管的发展趋势。

3. 简述金融机构的市场运作监管的主要内容。

4. 简述金融监管的一般方法。

5. 简述中国的金融监管构架。

（七）论述题

1. 请阐述宏观审慎监管与微观审慎监管的关系。

四、参考答案

（一）填空题

1. 金融业健康稳定、金融体系效率、经济发展

2. 谨慎、组织结构、会计规划、双人原则

3. 金融服务管理局、银行、证券、保险、其他非银行金融机构

4. 美国、加拿大

5. 中国银行业监督管理委员会、中国证券监督管理委员会、中国保险监督管理委员会、中国银行业监督管理委员会、中国保险监督管理委员会、中国银行保险监督管理委员会、中国银行保险监督管理委员会、国家金融监督管理总局

（二）单项选择题

1-5 B C C B A 6-10 B C B A C

11-15 A A A A B 16-17 C A

（三）多项选择题

1. ABD　2. ABCDE　3. ABC　4. ABCD　5. ABCDE
6. ACE　7. ABD　8. ACD　9. ABCDE　10. ABC
11. ABCDE　12. AB　13. ABD　14. ABCD　15. ABCDE
16. ABCD　17. ABC

（四）判断题

1. √　2. √　3. √　4. ×　5. √　6. √　7. ×　8. √　9. √　10. √
11. √　12. √　13. √　14. ×　15. ×　16. √　17. ×

（五）名词解释

1. 金融监管：金融监管有狭义和广义之分，狭义的金融监管是指金融监管当局依据国家法律法规的授权对整个金融业实施监管；广义的金融监管还包括金融机构的内部控制和稽核、同业自律组织的监管、社会中介组织的监管等。

2. 功能型监管：功能型监管是指依据金融体系基本功能而设计的金融监管体制，即一个给定的金融活动由同一监管者进行监管，而无论这个活动由谁来从事。

3. 机构型监管：机构型监管又称为部门监管，是指按照金融机构的类型设立监管机构，不同的机构分别管理各自的金融机构，但某一类型金融机构的监管者无权监管其他类型的金融机构活动。

4. 微观审慎监管：从单个金融机构风险控制的角度自下而上的监管，它侧重于对金融机构的个体行为和风险偏好的监管，以确保单家金融机构的稳健性，并引导其在风险可控的条件下实现其利润最大化，旨在控制个体金融机构或行业的风险，进而保护投资者利益。

5. 宏观审慎监管：宏观审慎监管是微观审慎监管的重要补充，它不单单考虑单一金融机构的风险敞口，更是从金融体系的稳定考虑，对整体的金融体系进行风险管控。

（六）问答题

1. 答案要点：由于金融业与国民经济各部门有着密切的联系，所以金融业自身的稳定与发展也相应地影响着国民经济的稳定与发展，20世纪90年代以来的多次金融危机使金融监管的必要性更加突出。从金融业本身的特点看，金融监管的必要性在于：（1）金融领域的外部性；（2）金融领域的信息不对称导致的逆向选择和道德风险；（3）金融业的脆弱性等。

2. 答案要点：金融自由化和全球化的发展，金融创新的加快以及金融监管理论的发展，促使世界主要国家在以下几方面调整与完善本国的金融监管：（1）努力提高金融监管的激励相容性；（2）对金融创新鼓励和监管并重；（3）日益注重金融监管的成本与收益分析；（4）日益强调金融监管的技术性和科学性；（5）日益倾向宏观审慎监管；（6）金融监管框架日益全球化。

3. 答案要点：市场运作监管是指金融机构成立后，对其日常市场经营运作所进行的监管，主要包括以下几个方面：（1）资本充足率的监管；（2）最低实收资本金的监管；（3）流动性监管；（4）业务范围监管；（5）资产质量监管。

4. 答案要点：从操作的角度看，金融监管的一般方法通常包括以下几种：（1）现场检查；（2）报表稽核；（3）加强监管对象的内部控制；（4）内外部审计结合；（5）其他手段。

5. 答案要点：中国的金融监管体制是伴随着金融体制改革和金融体系的形成逐步建立和完善的。目前，中国的金融监管体制形成了典型分业监管体制，包括：（1）中央金融工作委员会，负责金融稳定和发展的顶层设计、统筹协调、整体推进、督促落实，研究审议金融领域重大政策、重大问题等；（2）中国人民银行，负责宏观审慎监管；最后贷款人；外汇、跨境资本流动、国家外汇储备和黄金储备管理；（3）国家金融监督管理总局，统一负责除证券业外的金融业监管，统筹负责金融消费者权益保护；（4）中国证券监督管理委员会，负责资本市场监管和公司（企业）债券发行审核；（5）财政部，负责监督管理财务会计、税收等；（6）地方金融监管部门，在坚持金融管理主要是中央事权的前提下，按照中央统一规则、地方实施监管的总体要求，对监管对象进行监管。

（七）论述题

1. 答案要点：宏观审慎监管与微观审慎监管的关系主要包括以下几个方面：第一，在监管目标方面，宏观审慎监管侧重于防范整个金融系统的风险，注重于抑制金融体系的顺周期波动和跨市场风险传染，对宏观经济产生溢出效应和扩散效应而造成巨大的损失，而微观审慎监管则更加注重单个金融机构的稳健性，而忽视了其风险对整体经济有无重要性影响。虽然监管目标的侧重点有所不同，但整体上来看，二者都是以防止风险的爆发、保证金融体系稳定为最终的目标；第二，在风险特征方面，宏观审慎监管将风险看成是银行体系的内部作用机制而产生的，是内生性的，意味着即使每一家银行都能化解自身的风险却并不代表就能化解整个银行体系的风险，而微观审慎监管则认为风险是外生的，意味着只要每一家银行都严格执行监管部门的监管指标就能最小化其内部风险，保证自身的稳健经营；第三，在监管方式方面，宏观审慎监管采用的是"自上而下"的方式，通过解决金融机构之间的相互作用和共同风险敞口来降低系统性金融风险，而微观审慎监管采用的是"自下而上"的监管方式，主要是基于对金融机构的资本要求和会计准则来实现金融机构的稳健性。可见，二者的侧重点各有不同，宏观审慎监管在微观审慎监管的基础上对其做出了补充和完善，同时二者的监管工具互相交叉渗透。为了更好地防范金融风险、维护金融稳定，必须将二者有机结合起来，共同防范系统性金融风险的发生。

第十三章　金融发展与金融创新

一、内容摘要

本章主要内容包括金融发展的含义及衡量、金融发展与实体经济的关系，金融抑制与金融深化的含义、金融抑制的主要内容及其对经济发展的影响、金融深化的内容及其效益，金融创新的含义、金融创新的动因、金融创新的主要内容、金融创新对宏观经济和微观经济发展的影响等。

（一）金融发展与经济增长

金融发展可以理解为在金融总量增长的基础上，金融体系的效率不断提高，金融体系能够对经济增长和结构优化起到促进作用。金融发展的衡量指标分为内部结构指标和金融发展与实体经济关系的指标，但在研究中，学者们会根据研究的需要构建相应的多样金融发展衡量指标进行分析。

金融发展与实体经济之间的关系可以辩证地从两个方面看：一方面，金融发展是经济发展的结果，另一方面，金融发展也促进了经济的发展。

（二）金融抑制与金融深化

1. 金融抑制与金融深化的含义

金融抑制一般可以理解为发展中国家存在的市场机制没有得到充分

发挥、金融资产单调、金融机构形式单一、过多的金融管制和金融效率低下的现象；而金融深化一般指政府放弃对金融市场的过多干预，使利率和汇率能充分反映资金与外汇市场的实际供求状况，从而促进实体经济发展的一系列政策和措施。

2. 金融抑制的主要内容及对经济的影响

金融抑制的主要表现是利率限制、信贷管制、金融机构管制以及严格限制国际资本流动等。这些政策对经济发展有明显的不良影响：第一，金融体系的价格信号被扭曲，导致资源配置低效；第二，导致银行经营效率低下，金融体系风险增加；第三，金融市场缺少创新动力，金融体系竞争力低下；第四，还可能导致经济发展中二元结构加剧。

3. 金融深化的内容

放松管制，实行金融深化的内容主要有：放松利率管制、降低金融业进入门槛、发展证券市场、建立合理的税制结构以避免政府由于赤字而进行金融抑制的冲动、放松汇率管制等。金融深化对实体经济的效应体现在储蓄效应、投资效应、就业效应以及收入分配效应等方面。

（三）金融创新

1. 金融创新的含义

现代金融创新有狭义与广义之分，狭义的金融创新仅仅是指金融工具的创新；广义的金融创新是指金融机构、金融市场、金融制度、金融技术等领域发生的一切新要素和新组合的出现。

2. 金融创新的动因

金融创新动因的解释主要有技术进步论、竞争趋同论、风险规避论、规避管制论等。金融创新的主要内容包括金融工具创新、金融机构创新、金融制度创新等。

3. 金融创新的影响

从宏观角度看，金融创新的影响在于满足了社会发展对金融的需求，促进了实体经济的发展，对金融全球化和金融混业趋势的促进，对一个国家或地区货币政策的影响，以及对全球风险的影响等；微观角度的影响表现在对金融机构、投资者、金融业自身的效率以及功能的影响等方面。

二、学习目标

◆ 掌握金融抑制的主要内容，金融抑制对经济发展的影响，金融深化的主要内容以及金融深化的经济效应；掌握金融创新的内容，金融创新对宏观经济和微观经济的影响。

◆ 理解金融发展的含义，金融发展与实体经济之间的辩证关系，金融抑制与金融深化的含义；理解金融创新的含义、金融创新的动因。

◆ 了解金融发展的衡量指标种类，发展中国家金融抑制的表现。

三、习　　题

（一）填空题

1. 金融创新动因的理论分析，主要包括_____、_____、_____和_____。

2. 金融创新大致可以分为_____、_____和_____三大类型。

3. 金融发展对经济增长的促进主要体现在_____、_____、_____、_____和_____五个功能上。

4. 从金融结构角度看，金融抑制主要表现为：_____、_____、_____和_____。

5. 金融与经济密不可分，金融深化的战略会对经济发展产生重要的影响，主要表现为下面的四个效应：_____、_____、_____和_____。

（二）单项选择题

1. 在研究金融发展与实体经济的关系时，反映金融上层建筑相对规模的最广义的指标是_____。

    A. 货币化率　　　　　　　　B. 金融分层比率

    C. 金融相关比率　　　　　　D. 金融机构化比率

2. 货币化率是社会的货币化程度，它是指_____。

    A. 金融资产总额与实物资产总额的比重

    B. 一定经济范围内通过货币进行产品与服务交换的价值占全部
产品与服务的比重

    C. 一定时期内社会金融活动总量与经济活动总量的比值

    D. 各经济部门拥有的金融资产与负债的总额

3. 金融发展促进经济增长的渠道不包括_____。

    A. 提高利率　　　　　　　　B. 提高储蓄

    C. 提高投资　　　　　　　　D. 提高资金配置效率

4. 麦金农和肖认为，欠发达国家经济发展的一大障碍是_____。

    A. 金融自由化　B. 金融抑制　　C. 金融深化　　D. 金融约束

5. 首创金融抑制理论的著名经济学家是_____。

    A. 凯恩斯　　　B. 戈德史密斯　C. 麦金农　　　D. 赫尔曼

6. 麦金农在其著作_____中提出"金融抑制"的概念。

    A. 《经济发展中的货币与资本》

    B. 《经济发展中的金融深化》

    C. 《经济自由化的顺序——向市场经济过渡中的金融抑制》

    D. 《经济发展理论》

7. 金融抑制容易造成资金配置低效、金融系统的脆弱性、竞争力
弱等不良影响，还会导致_____。

    A. 国家金融风险　　　　　　B. 金融业较好发展

    C. 二元经济结构　　　　　　D. 收入分配公平

8. 下列选项不属于金融抑制的表现是_____。

    A. 利率管制　　B. 信贷配给　　C. 金融监管　　D. 金融资产单调

9. 信贷配给状态下，信贷市场的利率_____信贷市场供求相等
时的均衡利率。

    A. 低于　　　　B. 高于　　　　C. 等于　　　　D. 无关于

10. "金融二元结构"指的是＿＿＿＿＿＿＿。

    A. 经济部门   B. 金融部门

    C. 经济与国家发展   D. 城市金融和农村传统金融

11. 金融深化的理论基础是＿＿＿＿＿＿＿。

    A. 货币的导管效应   B. 金融监管

    C. 信贷配给   D. 竞争趋同

12. 金融深化理论中指出随利率上升，整个社会储蓄倾向提高的效应称为＿＿＿＿＿＿＿。

    A. 储蓄效应   B. 投资效应   C. 就业效应   D. 收入分配效应

13. 下列的改革措施中不属于金融深化范畴的是＿＿＿＿＿＿＿。

    A. 放松利率管制

    B. 统一并适当减少金融工具的种类

    C. 促进金融业竞争

    D. 发展证券市场

14. 金融抑制论与金融深化论解释的是＿＿＿＿＿＿＿。

    A. 金融发展与经济发展的关系

    B. 金融发展与金融政策的关系

    C. 金融政策与金融发展的关系

    D. 金融政策与经济发展的关系

15. 赫尔曼等人认为一些发展中国家因不具备金融自由化的条件，必须要选择的道路是＿＿＿＿＿＿＿。

    A. 金融改革   B. 金融抑制   C. 金融深化   D. 金融约束

16. 金融创新的本质是＿＿＿＿＿＿＿。

    A. 金融对象的重新组合   B. 金融结构的重新组合

    C. 金融要素的重新组合   D. 金融资产的重新组合

17. 金融创新的直接原因是＿＿＿＿＿＿＿。

    A. 技术推进与约束诱导   B. 规避管制与转嫁风险

    C. 制度改革与规避管制   D. 降低成本与技术推进

18. 下列选项属于规避金融风险的创新工具是＿＿＿＿＿＿＿。

    A. 票据发行便利   B. 浮动利率贷款

C. 自动提款机   D. 大额可转让定期存单

19. 下列选项属于金融工具创新的是_____。

A. 从资产管理到负债管理   B. 从负债管理到资产负债管理

C. 从营业网点到网上银行   D. 大额可转让定期存单的推出

20. 20 世纪 60 年代以来，商业银行进行大量金融工具创新，下列选项不属于负债创新的是_____。

A. NOW 账户   B. MMDAs   C. ATS 账户   D. 备用信用证

21. 凯恩斯的规避管制论认为，金融创新与管制不断交替、循环出现、向前发展，其博弈方式为_____。

A. 管制—创新—再管制—再创新

B. 创新—管制—再创新—再管制

C. 自由—管制—创新—更自由

D. 自由—管制—创新—再管制

（三）多项选择题

1. 金融发展对经济发展的作用体现在_____。

A. 有助于资本积累

B. 有助于提高资源的使用效率

C. 有助于提高金融资产储蓄比例

D. 有助于提高经济增长率

E. 缓解经济冲突

2. 发展中国家金融抑制的主要表现，包括_____。

A. 货币化程度低

B. 金融体系存在着明显的"二元结构"

C. 金融体系发展不平衡，效率低下

D. 资本市场极其落后

E. 金融机构国有化

3. 金融抑制的政策中，对金融机构的控制往往包括_____。

A. 高准备金要求

B. 限制某些金融机构的发展

C. 限制金融机构的资金流向

D. 金融机构的国有化

E. 严格的准入制度

4. 金融抑制的负效应包括_____。

A. 负税收效应 B. 负收入效应 C. 负储蓄效应

D. 负投资效应 E. 负产出效应

5. 金融抑制理论认为，放松利率管制会使利率提高至市场供求平衡的水平，从而_____。

A. 增加资金的使用成本，降低产出水平

B. 吸引储蓄资金，增加资本来源

C. 将低利项目排除，提高资金的使用效率

D. 减少资金来源

E. 难以确定其对产出水平的影响

6. 金融深化的效应包括_____。

A. 就业效应 B. 收入分配效应 C. 储蓄效应

D. 投资效应 E. 消费效应

7. 金融深化的政策取向包括_____。

A. 政府放弃对存放款利率的监管

B. 政府加强对金融业的干预

C. 政府当局应采取有力措施抑制通货膨胀

D. 放松利率管制的金融深化战略必须与汇率市场化改革相结合

E. 开放资本项目

8. 金融创新的动因包括_____。

A. 技术推进论 B. 竞争趋同论 C. 风险规避论

D. 规避管制论 E. 社会利益论

9. 金融创新的内容包括_____。

A. 商业银行的工具创新

B. 金融市场的工具创新

C. 大量非银行金融机构的出现

D. 监管手段的革新

E. 交易技术的进步

10. 下列关于金融创新影响的说法正确的有_____。

  A. 金融创新使金融体系的稳定性提高

  B. 增强了投资者和金融机构防范与应对风险的能力

  C. 强化了中央银行实施货币政策的效果

  D. 金融创新增加了发生金融危机的概率

  E. 提高资金使用效率

11. 下列选项属于银行贷款证券化的产品有_____。

  A. ABS   B. CDO   C. CMBS

  D. RMBS   E. CDs

12. 商业银行资产业务创新主要包括_____。

  A. 贷款证券化 B. 贷款结构创新 C. 资产业务表外化

  D. 规避利率风险贷款工具

  E. 同业拆借

（四）判断题

1. 实行金融抑制的国家往往采用高于通货膨胀率的名义利率以及低估本币汇率。（　　）

2. 金融发展仅是指金融工具、金融机构种类等数量的增长，可以通过相关的量化指标表示。（　　）

3. 普惠金融是一种金融服务的理念，旨在通过提供贷款、储蓄、支付和其他金融产品和服务，覆盖更广泛的人群，特别是那些传统金融体系难以触及的低收入群体。（　　）

4. 金融深化论者过分强调了自力更生，从而忽视了引进外资的必要性。（　　）

5. 金融约束是与金融深化完全对立的政策。（　　）

6. 金融创新大多源于政府严格监管的逆效应、高通货膨胀的压力和高新技术的发展。（　　）

7. 金融机构从传统的单一结构向集团化方向发展是金融机构创新的主要形式之一。（　　）

8. 金融创新肯定导致各金融机构之间差异化趋势凸显。（　　）

9. 金融创新和放松管制在提高金融效率的同时，也会使得金融业的经营风险增大。（　　）

10. 金融创新的出现，使得中央银行制定货币政策的中介目标更加明确，大大提高货币政策工具的效力，不足之处是使货币政策的时滞延长。（　　）

11. 金融深化的政策需要财政政策的配合，改革税制，实现税收收入与经济增长的同方向协调增长，以降低政府通过金融抑制弥补财政赤字的冲动。（　　）

（五）名词解释

1. 金融发展

2. 金融相关比率

3. 货币化比率

4. 金融抑制

5. 金融深化

6. 金融创新

（六）问答题

1. 请列举衡量金融发展与实体经济关系的指标及其含义。

2. 如何辨析金融发展与实体经济的关系。

3. 简述金融抑制对经济发展的影响。

4. 简述金融创新的动因。

5. 简述金融创新的宏微观效应。

（七）论述题

1. 论述金融深化理论主要内容和政策含义。

四、参考答案

（一）填空题

1. 技术进步论、竞争趋同论、风险规避论、规避管制论

2. 金融工具创新、金融机构创新、金融制度创新

3. 储蓄动员与投资转化、信息生产与资源配置、风险管理、公司治理、便利交易

4. 金融工具单一、二元结构、机构单一、直接融资市场落后、金融资产价格管制严格

5. 储蓄效应、投资效应、就业效应、收入分配效应

（二）单项选择题

1-5　C　B　A　B　C　6-10　A　C　C　A　D

11-15　A　A　B　D　D　16-20　C　B　B　D　D

21　A

（三）多项选择题

1. ABC　2. ABCD　3. ABCDE　4. BCD　5. BC

6. ABCD　7. ACD　8. ABCD　9. ABCDE　10. BDE

11. ABCD　12. ABCD

（四）判断题

1. ×　2. ×　3. √　4. √　5. ×　6. √　7. √　8. ×　9. √　10. ×

11. √

（五）名词解释

1. 金融发展：在金融总量（金融工具、金融机构种类、数量等）

增长的基础上，金融体系效率的不断提高，金融体系能够对经济增长和结构优化起促进作用。

2. 金融相关比率：全部金融资产价值与全部实物资产价值的比率，是衡量金融上层建筑相对规模的最广义的指标。

3. 货币化比率：衡量一个国家货币化程度的指标，是指一定经济范围内，通过货币进行产品与服务交易的价值占全部产品与服务价值的比重。

4. 金融抑制：发展中国家存在的市场机制作用没有得到充分发挥、金融资产单调、金融机构形式单一、过多的金融管制和金融效率低下的现象。

5. 金融深化：政府放弃对金融市场体系的过多干预，使利率和汇率能充分反映资金与外汇市场的实际供求状况，从而促进实体经济发展的一系列政策和措施，其实质是经济的货币化过程。

6. 金融创新：金融创新有狭义和广义之分，狭义的金融创新是指金融工具的创新；而广义的金融创新不仅是工具创新，还包括金融机构、金融市场、金融制度、金融技术等金融领域发生的一切新要素和新组合的出现。

（六）问答题

1. 答案要点：（1）金融相关比率：全部金融资产价值与全部实物资产价值的比率，是衡量金融上层建筑相对规模的最广义的指标。（2）货币化比率：衡量一个国家货币化程度的指标，是指一定经济范围内，通过货币进行产品与服务交易的价值占全部产品与服务价值的比重。（3）私人信贷比率：以分配私人部门的信贷与国内生产总值的比重，来衡量信贷在私人部门与公共部门的分配。（4）股票市场发展比率，以股票市场的市值与国内生产总值的比重来表示资本市场发展的水平和股票市场在国内经济中的地位。

2. 答案要点：金融发展与实体经济之间的关系需要用辩证的眼光来看：（1）金融是现代经济发展的结果，表现在：第一，金融是商品经济发展的产物；第二，商品经济发展的不同阶段对金融需求的不同，决定了金融发展的结构和规模。（2）金融发展促进了经济增长。表现在金融发展具有如下的功能，以促进经济的增长：第一，储蓄动员与投资转化功能；第二，信息生产与资源配置功能；第三，风险管理功能；第四，公司治理功能；第五，降低交易成本，便利交易的功能。

3. 答案要点：金融抑制一般会对一个国家或地区的经济增长带来巨大的负面经济影响，具体表现如下：（1）金融体系中的价格信号被扭曲，导致资源配置的低效率；（2）银行经营效率低下，金融系统的脆弱性和风险较大；（3）金融市场封闭，缺乏金融工具创新，金融体系竞争力弱；（4）金融抑制还会导致二元经济的形成。

4. 答案要点：在经济环境发生变化的情况下，实体经济对金融创新有巨大的需求，在需求的推动下，经济主体出于自身利益的考虑，进行一系列的创新。金融创新的主要动因的解释包括：（1）技术进步论；（2）竞争趋同论；（3）风险规避论；（4）规避管制论等。

5. 答案要点：金融创新的影响需要辩证地来看：一方面，金融创新可以促进所在国的金融深化和金融制度的革新，为这些国家的经济发展注入持续的推动力；另一方面，金融创新也加大了金融机构和金融市场的风险，引发金融市场的动荡，增加金融监管的难度，从而冲击实体经济的稳定发展。

从宏观的角度看，金融创新的影响表现在：（1）金融创新更好地满足了社会对金融发展的多种需求；（2）金融创新促进了实体经济的发展；（3）金融创新与金融全球化和金融业混业经营相互促进；（4）金融创新对货币政策有比较大的影响，使得央行货币政策的执行难度加大；（5）金融创新可能实现全球金融风险的积累与传染。

金融创新的微观效应表现在：（1）金融创新对金融机构的业务多元化有重要影响，提高了金融机构的竞争力，增强了金融机构的风险抵御能力；（2）拓宽了投资者的投资渠道与风险对冲手段；（3）总体上提高了金融效率；（4）促进金融资产定价的有效性。

（七）论述题

1. 答案要点：（1）"金融深化"的基本思想是政府放弃不适当的

干预政策，取消对利率和汇率的人为压制，使利率和汇率由供求关系决定，从而促使金融体系与实际经济同时蓬勃发展，并形成相互促进的良性循环的现象。

（2）"金融深化"论的理论贡献不同于投资大小与利率高低成反比关系的流行观点，提出存在金融抑制时投资大小与利率高低成正比关系的新观点；补充和修改了哈罗德-多马经济增长模型；提出了货币职能的新观点，即货币实际上是一种债务关系，具有财富转移的职能。

（3）"金融深化"论的政策含义是进行金融体制的改革，提高利率，使利率由供求关系来决定，控制通货膨胀，放宽外汇管制，在适度范围内任汇率浮动，实行贸易自由化、税制合理化以及改革财政支出政策等。

策划编辑：陈　登

图书在版编目(CIP)数据

《金融学》(第4版)学习指导/莫媛主编;丁慧副主编. —北京:人民出版社,
　　2024.3(2025.3重印)

ISBN 978－7－01－026412－7

Ⅰ.①金…　Ⅱ.①莫…②丁…　Ⅲ.①金融学-高等学校-教学参考资料
　Ⅳ.①F830

中国国家版本馆CIP数据核字(2024)第047666号

《金融学》(第4版)学习指导

JINRONGXUE DI 4 BAN XUEXI ZHIDAO

莫媛 主编　丁慧 副主编

人民出版社 出版发行
(100706　北京市东城区隆福寺街99号)

环球东方(北京)印务有限公司印刷　新华书店经销

2024年3月第1版　2025年3月北京第2次印刷
开本:710毫米×1000毫米 1/16　印张:15.25
字数:232千字　印数:5,001-10,000册

ISBN 978－7－01－026412－7　定价:36.00元

邮购地址 100706　北京市东城区隆福寺街99号
人民东方图书销售中心　电话 (010)65250042　65289539